家用汽车
"三包"常识
及案例分析

Jiayong Qiche

Sanbao Changshi

ji Anli Fenxi

江苏省质量技术监督局
江苏省产品质量监督检验研究院 | 编著

清华大学出版社
北京

图书在版编目(CIP)数据

家用汽车"三包"常识及案例分析 / 江苏省质量技术监督局，江苏省产品质量监督检验研究院 编著. —北京：清华大学出版社，2017

ISBN 978-7-302-46796-0

Ⅰ.①家… Ⅱ.①江… ②江… Ⅲ.①汽车—商业服务—法规—案例—中国 Ⅳ.①D922.294.5

中国版本图书馆 CIP 数据核字(2017)第 052710 号

责任编辑：王燊娉 张雪群
封面设计：赵晋锋
版式设计：方加青
责任校对：牛艳敏
责任印制：宋 林

出版发行：清华大学出版社
 网 址：http://www.tup.com.cn，http://www.wqbook.com
 地 址：北京清华大学学研大厦 A 座 邮 编：100084
 社 总 机：010-62770175 邮 购：010-62786544
 投稿与读者服务：010-62776969，c-service@tup.tsinghua.edu.cn
 质 量 反 馈：010-62772015，zhiliang@tup.tsinghua.edu.cn
印 刷 者：清华大学印刷厂
装 订 者：三河市新茂装订有限公司
经 销：全国新华书店
开 本：185mm×260mm 印 张：16.25 字 数：272 千字
版 次：2017 年 4 月第 1 版 印 次：2017 年 4 月第 1 次印刷
定 价：76.00 元

产品编号：074489-01

◎ 丛书编委会

序

　　近年来，家用汽车消费纠纷不断增多，维权事件呈不断上升趋势。为保护家用汽车产品消费者的合法权益，国家质检总局发布的《家用汽车产品修理、更换、退货责任规定》于2013年10月1日开始施行，但因缺乏专业解读、投诉渠道不畅，消费者家用汽车"三包"维权难的现象仍未彻底解决。

　　2016年11月，江苏省委书记李强在中共江苏省第十三次代表大会上提出了"聚力创新，聚焦富民，高水平建设全面小康社会"的发展方略。李强书记指出，要顺应民生需求新变化，切实保障人民群众各方面权益，促进人的全面发展，让人民群众有更强获得感和幸福感。

　　推进供给侧结构性改革，提升供给质量，满足消费需求，质监部门重任在肩。江苏省质量技术监督局紧盯群众关注，针对家用汽车"三包"维权难题，调查走访家用汽车生产企业、汽车4S店，组织有关专家对《家用汽车产品修理、更换、退货责任规定》进行专业解读，依托全省各级质监部门和12365举报投诉咨询平台，广泛收集具有代表性、影响面广的典型维权案例和执法案例，进行分析点评，编印了《家用汽车"三包"常识及案例分析》，为行政监管和消费者维权提供了翔实、权威的依据。保障人民群众利益，让人民群众充分享受质量发展带来的成果，是全省质监人的神圣使命和光荣任务。值此付梓刊印之际，略有所感，欣然作序。

刘大旺

江苏省质量技术监督局局长

2017年1月

目　　录

第1章　汽车零件失效的原因 ·· 3

1.1　汽车故障发生规律 ··· 4

　1.1.1　汽车技术状况主要评价指标 ··· 4

　1.1.2　汽车技术状况变化特征 ··· 4

　1.1.3　汽车技术状况变差的主要原因 ·· 5

　1.1.4　汽车失效模式类型 ··· 6

1.2　汽车零部件磨损过程分析 ··· 7

　1.2.1　汽车零件摩擦 ··· 7

　1.2.2　汽车零件磨损 ··· 9

　1.2.3　汽车零件磨损规律 ·· 12

1.3　汽车零件的变形分析 ··· 13

1.4　汽车零件的疲劳断裂失效 ·· 14

　1.4.1　疲劳断裂的形成 ··· 14

　1.4.2　提高汽车零件抗疲劳断裂的措施和方法 ································ 15

第2章　汽车常见故障原因分析 ·· 17

2.1　发动机机械系统常见故障及影响因素 ··· 17

2.1.1 发动机曲轴主轴承异响故障原因分析 ···································· 19

2.1.2 发动机连杆轴承异响故障原因分析 ···································· 20

2.1.3 发动机活塞敲缸异响故障原因分析 ···································· 21

2.1.4 发动机气门异响故障原因分析 ··· 23

2.1.5 发动机液压挺柱异响故障原因分析 ···································· 24

2.2 发动机启动困难故障原因分析 ·· 25

2.2.1 发动机不能启动故障原因分析 ··· 25

2.2.2 发动机冷启动困难故障原因分析 ······································ 26

2.2.3 发动机热启动困难故障原因分析 ······································ 26

2.3 发动机怠速不良故障原因分析 ·· 27

2.3.1 发动机怠速运转不稳定故障原因分析 ································· 27

2.3.2 发动机怠速过高故障原因分析 ··· 28

2.4 发动机动力不足、加速无力故障原因分析 ·································· 28

2.5 电控发动机故障主要类型及判定方法 ··· 29

2.6 发动机点火系统故障原因分析 ·· 33

2.7 发动机燃油供给系统故障原因分析 ··· 34

2.7.1 供油系统不供油故障原因分析 ··· 34

2.7.2 混合气过稀故障原因分析 ·· 35

2.7.3 混合气过浓故障原因分析 ·· 35

2.8 发动机润滑系统故障原因分析 ·· 36

2.8.1 机油压力过低故障原因分析 ·· 36

2.8.2 机油压力过高故障原因分析 ·· 37

2.8.3 机油消耗量过大故障原因分析 ··· 37

2.8.4 机油变质故障原因分析 ·· 38

2.9 发动机冷却系统故障原因分析 ·· 39

2.9.1 发动机过热故障原因分析 ·· 39

2.9.2 发动机水温过低故障原因分析 ··· 40

2.9.3 发动机冷却液消耗过多故障原因分析 ································· 40

2.10 柴油机常见故障原因分析 ·· 41

2.10.1　柴油机不能启动故障原因分析 ··41

2.10.2　柴油机动力不足故障原因分析 ··43

2.10.3　柴油机转速上不去故障原因分析 ···43

2.10.4　柴油机转速不稳故障原因分析 ··44

2.10.5　柴油机转速超速故障原因分析 ··44

2.11　发动机排烟异常故障原因分析 ··45

2.12　发动机尾气排放超标故障原因分析 ··46

2.13　离合器常见故障原因分析 ··48

2.14　手动变速器常见故障原因分析 ··51

2.15　自动变速器常见故障原因分析 ··53

2.16　万向传动装置常见故障原因分析 ··58

2.16.1　异响类故障原因分析 ···58

2.16.2　振动类故障原因分析 ···59

2.17　驱动桥常见故障原因分析 ··59

2.18　悬架系统常见故障原因分析 ··61

2.18.1　非独立悬架系统故障原因分析 ··61

2.18.2　独立悬架系统故障原因分析 ··62

2.19　转向系统常见故障原因分析 ··62

2.20　制动系统常见故障原因分析 ··66

第2部分

汽车"三包"规定解读与问答

第3章　汽车"三包"规定解读及常见问题解答 ·······························71

3.1　汽车"三包"规定解读 ···71

3.1.1　"第一章　总则"解读 ···71

3.1.2 "第二章 生产者义务"解读 ·· 73

3.1.3 "第三章 销售者义务"解读 ·· 74

3.1.4 "第四章 修理者义务"解读 ·· 76

3.1.5 "第五章 三包责任"解读 ··· 77

3.1.6 "第六章 三包责任免除"解读 ·· 82

3.1.7 "第七章 争议的处理"解读 ·· 85

3.1.8 "第八章 罚则"解读 ··· 86

3.1.9 "第九章 附则"解读 ··· 87

3.2 汽车"三包"常见问题解答 ·· 89

第3部分
汽车"三包"典型案例分析

第4章 汽车"三包"案例分析 ·· 101

4.1 汽车发动机案例分析 ··· 101

4.1.1 发动机在其他修理厂没有按照技术要求维修销售者可免责 ·············· 101

4.1.2 发动机轴瓦损坏什么时候可免费更换 ··· 103

4.1.3 发动机同一问题3次未解决可以退车 ·· 105

4.1.4 发动机退换期限不能超过60天 ·· 106

4.1.5 发动机超出三包规定的行驶里程后不能退换 ··································· 107

4.1.6 未正确使用车辆致发动机损坏销售者可免责 ··································· 108

4.1.7 发生故障后车主自行处理不当导致发动机报废销售者免责 ············· 110

4.1.8 发动机缸盖首次损坏应该进行维修处理 ·· 111

4.1.9 发动机高压油泵故障三包期内可免费更换 ······································ 113

4.1.10 发动机故障三包期内维修累计时间超35日可换车 ·························· 114

4.1.11 发动机气缸盖变形损伤可以更换车辆 ·· 115

4.1.12　发动机轴承异响修理2次不能更换总成······························116

4.1.13　发动机烧机油不能换车··117

4.1.14　发动机首次渗油不应该退车···119

4.1.15　发动机燃油压力调节阀故障保修期间可免费更换···············120

4.1.16　发动机VVT阀问题的三包处理··121

4.1.17　发动机舱冒蓝烟不能退车···123

4.1.18　发动机异响不能退车··124

4.1.19　发动机积炭导致的首次异响只能进行维修处理···················125

4.1.20　发动机缸体漏油不一定更换总成···126

4.1.21　发动机可变正时执行器故障可维修······································128

4.1.22　发动机漏机油可进行免费维修处理······································130

4.1.23　发动机功率下降可维修···131

4.1.24　发动机点火线圈故障只能维修···132

4.1.25　发动机喷油嘴故障不符合更换要求······································133

4.1.26　发动机喷油嘴泄漏故障不能退车···135

4.1.27　发动机电脑板故障可维修···136

4.1.28　发动机车身线束导致熄火可修理···137

4.1.29　未按说明书正确使用导致损坏不适用三包规定···················139

4.1.30　发动机曲轴油封损坏不能更换发动机···································140

4.1.31　电子节气门故障适用维修方案···141

4.1.32　发动机电脑故障可以维修解决···143

4.1.33　发动机拉缸导致烧机油适用维修方案···································144

4.1.34　发动机气缸破坏可以更换总成···145

4.2　汽车变速器案例分析··147

4.2.1　变速器齿轮在三包期内发生偏移可更换总成·······················147

4.2.2　变速器油封渗油保修期内可维修处理···································148

4.2.3　变速器阀板故障包退包换期内应更换总成···························150

4.2.4　变速器内部机械故障可更换总成···152

4.2.5　变速器保修期内不同症状多次维修也不能退车···················153

4.2.6 变速器同一故障多次维修未果保修期内可换车……………………154

4.2.7 变速器同步器首次故障维修处理……………………156

4.2.8 变速器轴类出现异响保修期内拆解维修……………………157

4.2.9 三包规定未实施前购买车辆不适用三包……………………159

4.2.10 变速器电子阀体失效保修期内可维修处理……………………160

4.2.11 无明确销售商和三包凭证不适用三包规定……………………162

4.2.12 变速器壳体裂纹漏油保修期内可维修处理……………………163

4.2.13 变速器离合器回位缓慢保修期内可维修处理……………………164

4.2.14 变速器内部机械首次故障导致加速无力应先维修……………………166

4.2.15 变速器轴承异响超出三包期仍可免费维修……………………167

4.2.16 变速器机械异响保修期内不能直接更换总成……………………169

4.2.17 变速箱油底壳衬垫问题导致渗油不能更换总成……………………170

4.2.18 变速箱同步器故障造成脱挡不适用更换总成……………………171

4.2.19 变速箱阀体故障可采用维修方案处理……………………172

4.2.20 变速箱挂挡异响更换变速器总成……………………173

4.2.21 变速箱自动跳"N"挡可换车……………………174

4.2.22 离合器拉线故障适用维修处理……………………177

4.3 汽车转向系统案例分析……………………178

4.3.1 电子助力泵供电保险丝烧坏致转向失效可换车……………………178

4.3.2 转向节非质量问题事故销售者无责任……………………179

4.3.3 转向机总成非主要零件失效致转向失效可换车……………………181

4.3.4 液压泵故障未达到换车条件不能换车……………………182

4.3.5 转向助力失效不等同于转向失效不能退车……………………183

4.3.6 转向机总成有异响可维修处理……………………184

4.3.7 非质量问题导致事故是消费者责任……………………185

4.3.8 超过包退期的车辆不得退换……………………186

4.3.9 方向机不密封是非严重安全问题不能更换车辆……………………187

4.3.10 主要零部件首次故障应先维修处理……………………188

4.3.11 非主要零件故障不能达到换车标准……………………190

4.3.12 双方协商未果可向第三方要求调解或申诉 191

4.3.13 动态稳定控制系统报警导致转向失效的车可换车 192

4.4 汽车制动系统案例分析 193

4.4.1 制动系统异响不能更换车辆 193

4.4.2 制动系统方向盘80km/h下抖动严重换刹车盘 195

4.4.3 制动系统制动液泄漏致制动失效可换车或退货 196

4.4.4 2013年10月1日前购买的车不适用于三包规定 198

4.4.5 制动系统ABS总泵接口渗油可换总泵总成 199

4.4.6 制动系统真空助力器漏气适用维修处理 201

4.4.7 制动系统制动时异响三次修理未消除继续修理 202

4.4.8 驻车制动器影响驻车制动可修理 203

4.4.9 制动盘磨损导致方向盘抖动不能退车 205

4.4.10 制动继电器漏电适用维修处理 207

4.5 汽车悬架系统案例分析 208

4.5.1 悬架下控制臂断裂按照维修处理 208

4.5.2 悬架减震器渗油需灵活处理 209

4.5.3 悬架减震器连接损坏不适用换车 211

4.5.4 避震器弹簧脱落可进行维修处理 212

4.6 汽车前/后桥案例分析 214

4.6.1 半轴油封漏油但车辆用于营运不适用三包规定 214

4.6.2 前/后桥传动轴首次故障无法更换或退货 215

4.6.3 车桥变形导致车轮偏磨适用维修处理 216

4.7 汽车车身案例分析 218

4.7.1 车身车窗故障可以修理 218

4.7.2 车身天窗排水管安装不良可维修 219

4.7.3 车身车门做过油漆怀疑售前发生事故不适用三包规定 220

4.7.4 车身改装漏水不能保修 222

4.7.5 车身密封问题不适用退车 223

4.7.6 大客车车身倾斜不在三包范围内 224

4.7.7 车身锈蚀经营者可免责 ···225

4.7.8 车身油漆问题经销商可以免责 ···226

4.7.9 车身天窗间隙偏大不是退车理由 ·····································227

4.7.10 车身漏水累计修理5次才能换车 ···································228

4.7.11 改装导致车辆起火不适用三包 ·······································229

4.7.12 改装制动灯造成故障不适用三包 ···································231

4.7.13 车身多处出现问题也不是退货的理由 ·························232

4.7.14 出了 "三包" 也能 "修" ···233

4.7.15 装货导致侧窗玻璃脱落非三包责任 ·····························235

4.7.16 以前车门维修导致的故障可更换 ···································236

4.8 汽车易损耗零部件案例分析···237

4.8.1 燃油滤清器导致漏油只更换滤清器 ·································237

4.8.2 轮胎非正常磨损可免费换胎调整 ·····································238

4.8.3 轮胎起鼓保修期内可以免费更换 ·····································239

4.8.4 火花塞断裂导致发动机异响不能退车 ·························241

参考文献 ···243

第1部分
汽车故障原因分析

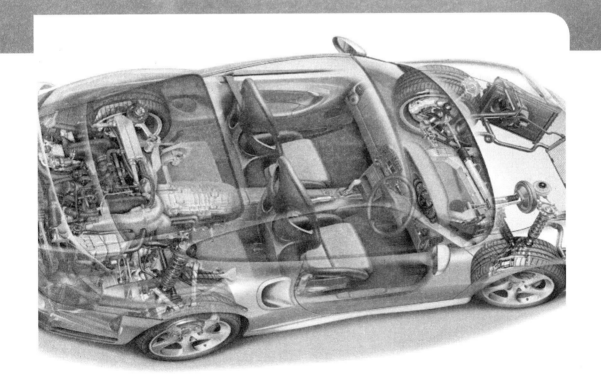

第1章 汽车零件失效的原因

汽车在使用过程中，由于种种原因，会出现各种各样的故障，影响了汽车的正常使用，给车主带来了很多不必要的麻烦。处于汽车质量保证期的车辆，出现故障后还要进行必要的家用汽车产品修理、更换、退货(以下简称汽车"三包")维权。汽车是一个复杂的产品，不仅零部件数量多，其工作原理也很复杂，对于普通消费者来说维权有很大的难度。了解汽车的故障特征、故障产生的基本原因，可以知彼知己，减少维权纠纷，提高解决问题的效率，增加解决问题的满意度，对于汽车"三包"维权可以起到积极的促进作用。

汽车失效(又称汽车故障)是指汽车零部件部分或完全丧失工作能力的现象。随着汽车行驶里程的增加，其零件会由于磨损、腐蚀、疲劳、变形等原因而逐渐损坏和失效，使汽车的技术状况逐渐变差，直至丧失正常运行能力。汽车技术状况主要评价指标有动力性、经济性和可靠性3个方面。汽车技术状况变差主要体现在动力性下降、经济性变差和可靠性变化等方面。影响汽车技术状况下降的主要因素，首先是汽车零件之间由于运动相互作用的结果，其次是汽车使用与维护，最后是零件的隐蔽缺陷或过载因素等为主的偶然因素等。这些原因最终促使汽车零部件的原有尺寸、形状、表面质量以及配合副的配合特性产生变化，最终导致汽车失效，发生了各种故障。

研究汽车失效的规律，是提高汽车技术状况、保持汽车结构功能和提高汽车维修质量的重要手段。认识汽车技术状况变化(失效)的原因及其规律，对于正确使用和评价汽车的性能，从而为汽车"三包"纠纷中复杂技术问题的解决提供参考，对于问题的妥善解决，起到非常积极的作用。

1.1　汽车故障发生规律

1.1.1　汽车技术状况主要评价指标

1.动力性

汽车的动力性是指发动机的有效功率和有效转矩在发挥汽车运行能力时所表现出的特性，汽车的最高行驶速度、最大爬坡能力和加速性能等是其主要评价指标。汽车动力性下降后，会使汽车最高行驶速度和最大爬坡能力下降，加速时间变长。汽车动力性除与发动机输出功率有关外，还与汽车传动系统有关。传动系统性能的下降，也会使动力性变坏，降低汽车运行能力。

2.经济性

汽车的经济性主要是指汽车的燃油经济性，即汽车在规定的状态下，行驶单位距离所消耗的最少燃油量。常用在一定的行驶工况下行驶100千米的燃油消耗量来作为评价指标。汽车经济性变差的显著特征是发动机油耗的增加。

3.可靠性

汽车的可靠性是指汽车在规定的条件下和规定的时间内能进行稳定、安全行驶的性能，主要内容包括汽车的安全性、操纵稳定性和行驶的平顺性等几个方面。汽车在运行过程中可能出现的下列故障现象，如制动不灵、方向跑偏、启动困难、漏电、漏水、漏气、漏油、异响等，就是可靠性下降的表现。

1.1.2　汽车技术状况变化特征

汽车在运行过程中，技术状况发生下降的主要特征是动力性、经济性和使用可靠性变差，其变化的主要特征如下。

1. 动力性下降

汽车的动力性下降主要表现为动力不足、驱动力降低、加速不良、行驶速度缓慢和爬坡困难等。

2. 经济性变差

汽车的经济性变差时，主要表现为燃料、润滑油消耗量增加和排气管冒黑烟等。

3. 使用可靠性变坏

汽车的使用可靠性变坏后，主要表现为启动困难、行驶跑偏、转向沉重、离合器工作不良、换挡不畅、制动效能下降以及出现漏油、漏水、漏气、漏电等现象。

1.1.3　汽车技术状况变差的主要原因

汽车各总成、零部件等技术特性下降会造成汽车技术状况的恶化。零部件损伤的主要原因：磨损、塑性变形、疲劳损坏、腐蚀、热损坏和材料的物理化特性变化等。

1. 磨损

汽车零部件的动配合摩擦副之间的摩擦，使零件工作表面物质不断损耗的现象，称为零件的磨损。如发动机活塞与缸套、曲轴与轴承等摩擦副，在长期相对运动中的摩擦损耗，造成其配合松旷和产生异响。零件磨损是导致汽车技术状况下降的主要原因。

2. 塑性变形

汽车零件变形有弯曲、扭转和挤压等几种形式。汽车零件变形的主要原因是外载荷冲击。例如，汽车超载行驶或汽车速度急剧加、减变化，上下坡、起步过猛，紧急制动等不当操作，将会导致零件的损伤。

3. 疲劳损坏

疲劳损坏是指汽车零部件在长时间高变载荷的作用下，出现性能下降，产生变形甚至断裂的故障现象。疲劳损伤多发生在承受高变载荷零件上，如气门与气门座、转向节、车架、钢板弹簧、螺旋弹簧等零部件。

4. 腐蚀

腐蚀是指汽车金属零部件与周围介质互相作用产生化学或电化学反应，从而导致零件腐蚀发生的现象。汽车的车身、悬架、冷却系统、供油系统和驾驶室等零件容易产生腐蚀。

5. 热损坏

汽车零件在使用中出现的烧焦、烧坏和烧穿等现象就是热损坏的表现形式。例如，气缸垫烧穿故障，汽车电器及电子元件、导线、绕组、灯泡和触点等绝缘物老化、破损，造成电路过载、短路而被烧坏。

1.1.4　汽车失效模式类型

汽车失效模式，根据其破坏结果可分为磨损、疲劳断裂、腐蚀、变形及老化等5类。

1. 磨损

汽车零部件的磨损包括磨料磨损、黏着磨损、疲劳磨损、腐蚀磨损、微动磨损等几种形式。气缸工作表面出现的"拉缸"现象，曲轴和轴瓦之间的"抱轴"现象，齿轮表面和滚动轴承表面出现的麻点或凹坑等，都是磨损引起的破坏形式。

2. 疲劳断裂

疲劳断裂包括高应变低周期疲劳、低应力高周期疲劳、腐蚀疲劳、热疲劳等几种形式，如曲轴的断裂、车架的开裂、齿轮轮齿的折断等都是疲劳破坏的结果。

3. 腐蚀

汽车零部件的腐蚀包括化学腐蚀、电化学腐蚀、穴蚀等几种形式，腐蚀破坏的周期很长。湿式气缸套外壁出现的麻点或孔穴，水道中出现的细小渗漏等都是腐蚀作用的结果。

4. 变形

汽车零部件的变形包括弹性变形、塑性变形等形式，汽车的基础件，如曲轴的弯曲、扭曲，气缸体、变速器壳体、驱动挢壳变形、车架变形等都是其破坏的表现形式。

5. 老化

汽车零部件的老化主要是由于不可抗拒的原因造成的，包括龟裂、变硬等，如橡胶、轮胎、塑料器件的老化等。

1.2　汽车零部件磨损过程分析

汽车零部件的磨损是指零部件工作表面的物质由于相对运动原因而导致其不断耗损的现象。汽车零部件的磨损失效可以使零件的尺寸误差和形状误差超过使用允许值。磨损是由汽车零部件之间的摩擦引起的，磨损的快慢还与相互运动的零件之间的润滑度等其他因素密切相关。

1.2.1　汽车零件摩擦

摩擦是指汽车零部件在外力作用下，两物体相对运动使其接触表面产生运动阻力的现象，该阻力称为摩擦力。摩擦会导致运动部件发热，造成机械能损失，使机械效率下降，还会引起零件接触面磨损。在摩擦表面引入润滑介质，可以使摩擦系数减小，降低摩擦。

按照汽车零部件摩擦副表面的润滑状况来分,摩擦可分为干摩擦、液体摩擦、边界摩擦、混合摩擦(半干摩擦和半液体摩擦)等形式。

1. 干摩擦

干摩擦是指汽车零部件摩擦副表面之间无任何润滑油或其他润滑介质时的摩擦。

在负载作用下,摩擦表面上的压应力超过接触点的压缩屈服极限时产生塑性流动,使接触面积增大到能承受全部载荷;当接触点的塑性流动破坏了该处的自然污染膜(金属表面薄膜覆盖层),露出纯金属后,接触表面产生强大的分子引力,产生牢固的黏结点(即冷焊);在切向力作用下,黏结点被撕脱,表面产生滑动,同时连续进行黏结、撕脱、黏结再撕脱的循环过程;在法向载荷和切向载荷的共同作用下,实际接触面积增大,引起新的黏结点。在干摩擦条件下,摩擦系数很大。

2. 液体摩擦

液体摩擦是指汽车零部件的两个摩擦表面完全被润滑油隔开时的摩擦。一组摩擦副的工作表面间被一层带一定压力的润滑油膜隔开,其厚度为1.5~2.0μm,汽车的零部件之间产生相对运动时,两工作表面之间没有直接接触,摩擦只发生在润滑油液体分子之间,润滑油分子之间的黏着力就是其摩擦力,液体摩擦的摩擦系数很小,一般为0.001~0.008,因此相对运动的汽车零部件之间的摩擦力很小。

3. 边界摩擦

边界摩擦是指相对运动的两汽车零部件工作摩擦表面被一层极薄的润滑油边界膜隔开时的摩擦。

这种具有特殊性质的边界膜,有吸附膜和反应膜两种表现形式。吸附膜是润滑油的极性分子吸附在摩擦表面上所形成的边界膜。如果润滑油中含有硫、磷、氯等添加剂元素,在高速、高载及高温的条件下,这些元素和摩擦表面会产生化学反应,其形成的膜被称为边界膜。

汽车零部件的边界摩擦的摩擦系数介于干摩擦与液体摩擦之间,一般为0.03~0.05,但其大小与润滑剂的黏度、载荷与运动速度无关,只和摩擦副表面特性及润滑剂的特性有关。

4. 混合摩擦

汽车零部件工作时的状态大部分是干摩擦、液体摩擦、边界摩擦共存的混合摩擦状态，而且随着工作条件及技术状况的改变，3种摩擦状态还会不断地相互转化。混合摩擦包括半干摩擦和半液体摩擦两类。汽车零部件的半干摩擦是指边界摩擦和干摩擦同时存在时的混合摩擦，但总体偏向于干摩擦。汽车零部件的半液体摩擦是指液体摩擦和边界摩擦同时存在时的混合摩擦，但总体偏向于液体摩擦。

1.2.2　汽车零件磨损

汽车零件的磨损是一个比较复杂的过程，也是相对运动零件的表面物质不断耗损的过程，是引发汽车故障的主要原因之一。

按照汽车零件磨损机理的不同，磨损分为黏着磨损、磨料磨损、疲劳磨损、腐蚀磨损、微动磨损和穴蚀等几种不同类型。

1. 黏着磨损

汽车零件的黏着磨损是指由于摩擦表面间接触点的黏着作用，使一个零件表面的金属转移到另一个零件的金属表面的过程。两摩擦表面在载荷作用下做相对运动时，由于他们的分子或原子较为接近，产生分子作用力，形成类似金属冷焊的黏结(冷黏着磨损)；或由于高温产生局部或大面积的融合，随后的相对运动把黏结点或融合点(融合区)撕开(热黏着磨损)，使摩擦表面损坏的过程。在汽车使用过程中，如果由于发动机温度过高引起过热或配合副的配合间隙太小，会产生所谓的"拉缸""烧瓦抱轴"现象，或主减速器由于齿轮油选用不当、间隙调整不符合技术要求而引起的剧烈磨损都是典型的黏着磨损现象。

黏着磨损的发生与下列因素有关：

(1) 使用条件：负载大，速度过小或过大，润滑条件差时易产生；

(2) 材料的性能：塑性好、互溶性好时易产生；

(3) 摩擦表面粗糙度：过大或过小时易产生。

为了减少黏着磨损，在使用中可采取如下措施：

(1) 采用合适的润滑油，保证润滑系统正常工作；

(2) 摩擦表面采用多孔性覆盖层；

(3) 采用合适的磨合规范以获得最佳粗糙度。

2. 磨料磨损

汽车零件的运动副的摩擦表面之间，由于存在硬质颗粒物质，这些颗粒的切削或刮削作用而引起的磨损称为磨料磨损。这种硬质固体颗粒就是磨料，会引发磨料磨损的发生。

汽车及发动机各摩擦副之间的磨料来源较多，主要有空气中的尘埃、燃料里的杂物、润滑油中的杂质以及摩擦副在运动过程中剥落下来的金属颗粒等。这些来源在摩擦副表面形成磨料，磨料的机械刮削作用是造成磨料磨损的原因。

影响汽车零件磨料磨损的主要因素包括以下几个方面：磨料在摩擦表面之间的载荷和速度；磨料与金属表面之间的相互作用力；汽车零件硬度及磨料的硬度和大小；汽车摩擦副的相对运动速度等。

减轻磨损的措施主要有以下几个方面：控制磨料的进入；保证滤清器的性能及装配时的清洁度；采用耐磨的表面强化层，减少自身磨料的产生；提高清除摩擦表面磨料的能力；磨合时采用流动性较大(小黏度)的润滑油。

3. 疲劳磨损

汽车零件的疲劳磨损是指在循环不变化的接触应力下，在摩擦表面上发生的点剥落现象。发生疲劳磨损后，可以在汽车零件摩擦表面出现大小、深浅不同的麻点状或片状凹坑。汽车零件疲劳磨损的结果会导致零件工作振动增大、噪音增加、零件温度上升、磨损加剧等现象的发生，严重时会使汽车失去工作能力。

疲劳磨损的影响因素主要包括负载、表面硬度、表面粗糙度、磨损速度等几个方面。

减轻疲劳磨损的措施主要是在装配时保证零件的清洁度，采用正确的安装方法，不让零件表面产生拉痕，防止汽车零件应力的集中，这些措施可以有效降低汽车零件疲劳磨损的发生。

4. 腐蚀磨损

腐蚀磨损是指汽车零件的摩擦表面在摩擦过程中与周围的介质发生化学作用时的磨损。这种磨损的显著特点是摩擦和腐蚀同时存在，腐蚀将使材料变质，摩擦会使腐蚀层很快被磨去而暴露出新的材料表面，新表面又会被腐蚀，腐蚀层又会被磨去，循环往复，不断地加重汽车零件的腐蚀和磨损，导致汽车零件损坏的速度加快。

汽车零件的腐蚀磨损分为氧化磨损和特殊介质磨损两种。

(1) 氧化磨损

在摩擦过程中，汽车零件的金属材料表面的金属与空气中的氧或润滑油中的氧发生化学作用，生成单分子层的氧化膜，在零件运动中又被磨掉的这一过程称为氧化磨损。钢铁零件表面经氧化后，生成的红褐色Fe_2O_3和黑色的Fe_3O_4等氧化膜，比较硬脆，极易破裂，并且与基体金属间的结合强度低，因此容易脱落从而出现磨损。有部分汽车零件是铝质材料，这些铝质零件表面生成的氧化铝膜，具有一定的韧性，与基体金属结合牢固，不易脱落，磨损率低，且这些氧化铝膜的形成还可以防止氧化磨损的进一步产生，反而对这些铝质零件起到了一定的保护作用。

在一定的条件下，汽车零件的氧化磨损的磨损率在所有类型磨损中是最小的。

(2) 特殊介质磨损

在汽车零件的配合副中，存在着酸、碱、盐等多种腐蚀介质，汽车零件与这些化学物质产生化学作用而生成的各种化合物，在摩擦过程中又不断地被除去而引起零件表面磨损的过程，称为特殊介质腐蚀磨损。特殊介质磨损的特点是磨损速度快，同时介质的腐蚀性强弱或温度的不同会导致不同的磨损结果，腐蚀介质的腐蚀性越强，温度越高，磨损速率也会越大。

5. 微动磨损

在两相互压紧的金属表面之间，汽车零件的嵌合部位或零件的过盈配合处在变载荷和微小振动位移下所产生的磨损被称为微动磨损。

汽车零件微动磨损的特征是磨损产物为红褐色的Fe_2O_3，螺旋表面有挤压的痕迹；其特点是氧化磨损、磨料磨损和黏着磨损的综合作用的体现。负载大、振幅大、振动次数多、氧的存在都会促进微动磨损的扩大。汽车在使用过程中采取适当的连接紧度、保证摩擦表面应有的粗糙度以及在贴合面和紧固连接件上涂油进行隔氧等措施可以显著减少微动磨损的发生。

6. 穴蚀

穴蚀是在零件与液体接触并有相对运动的条件下零件表面发生的金属剥落现象。在机械振动和液体压力发生变化时,液体中形成气泡,气泡的破裂导致穴蚀的产生。穴蚀发生后零件表面很清洁,呈红褐色蜂窝状孔穴群,严重时呈针状小孔。

汽车在使用中注意严格控制气缸和缸体间的安装尺寸,以降低振动幅度;加大水道的宽度;选用优质冷却水,这些措施可以有效防止穴蚀的产生。

1.2.3　汽车零件磨损规律

汽车零件在工作过程中的工作条件会有很大的差异,这些差异会使汽车零件磨损的程度和因素也不会完全一样。虽然会表现出不同的特点,但在正常磨损过程中任何摩擦副的磨损都有一定的共性规律可循。这些规律体现在汽车零件磨损的3个阶段上。

第一阶段:磨合期。由于汽车新零件或修复件表面比较粗糙,工作时零件表面的凸起点会将油膜划破,会在汽车零件表面上产生强烈的刻画、黏结等作用效果,同时从零件表面上脱落下来的金属及氧化物颗粒又会引起严重的磨料磨损现象的发生,所以该阶段的磨损速度相对较快。但随着磨合时间的增加,零件表面的质量会不断提高,磨损速度也会相应降低。

第二阶段:正常工作期。汽车零件在经过磨合期的磨合后,零件的表面粗糙度值进一步降低,表面的适应性及强度逐步增强,因此汽车零件在正常工作期的磨损变得非常缓慢。

第三阶段:极限磨损期。随着汽车零件磨损量的不断积累,造成这一时期汽车零件的配合间隙过大,机油油压降低,正常的润滑条件也随之被破坏,零件之间的相互冲击也随之增加,使汽车零件的磨损量急剧上升。此时如不及时进行调整或修理,恢复完好的性能状态,将会造成严重的事故性损坏。

综上所述,降低磨合期的磨损量,减缓正常工作期的磨损,创造条件推迟极限磨损期的来临，可延长汽车零件的使用寿命。

汽车的正确使用和比较高的维修水平都将影响零件磨损速度的快慢，从而影响汽车的使用寿命。

 ## 1.3 汽车零件的变形分析

汽车零件在使用过程中，由于负载或内部应力的作用，使零件的几何尺寸和形状改变的现象称为零件的变形。变形是零件失效的一个重要原因。零件的变形，尤其是汽车基础件的变形，将破坏零件间的配合性质和相互位置关系，使汽车零件的磨损加剧，使用寿命缩短，最终导致各零件不能正常工作，进而失去工作能力。

汽车零件失效的原因，除了有汽车设计、制造等方面的因素外，还包含汽车在使用过程中的残余应力、温度、外载荷、使用与维修等因素。

1. 残余应力的影响

汽车上用铸铁制造的零部件如变速器壳体、气缸体等，在从高温冷却下来的过程中，由于不同部位的冷却速度会有所不同，在先冷却的部位产生了弹性压缩，而后冷却的部位却产生了弹性拉伸，这两种作用力在铸件内部产生了彼此的相互制约，结果就产生了内应力，此内应力又称热应力。

另外，部分汽车铸造零部件在冷却过程中往往伴随固态相变的产生。合金铸件各部分在冷却的过程中，由于散热和冷却条件的不同，它们到达固态相变温度的时间也就不同。由于各部分相变的程度不同而引起的内应力，称为相变应力。

不管是热应力还是相变应力，只要残留在零件的内部，都会使零件处于不稳定状态。铸铁的残余内应力的长期作用，会降低汽车零件的弹性极限，并且会产生减少内应力的塑性变形，产生内应力松弛现象，进而引起零件的变形。

所以，在机械加工前应首先对铸铁件经过自然时效或人工时效处理，以消除铸铁件的残余应力，减少零件的变形发生的概率。

2. 温度的影响

汽车零件的金属材料的弹性极限会随温度的升高而降低，同时加快内应力松弛，因此汽车零件的工作温度越高，越容易引起汽车零件变形的发生。

3. 外载荷的影响

汽车经常性的超载工作或在凹凸不平的路面上高速行驶或者在行驶过程中的突然制动或突然起步等，都使汽车的基础件如气缸体、变速器壳、后桥壳体等承受很大的不均衡的外载荷，这些载荷又会形成新的内应力，进而引起汽车零件的变形，汽车零件承受的外载荷越大或越不均衡，则变形也就会越大。

4. 使用与维修的影响

汽车使用正确与维修的技术水平高，可以减轻零件的变形。在汽车使用过程中应合理地增减载荷，按照规定正确操作。在汽车维修中应严格检验零件的变形，按修理工艺规程要求正确地进行拆装，并在修复时合理选择定位基准和修理工艺，尽可能降低汽车零件产生内应力的可能，以防止汽车零件的变形。

1.4　汽车零件的疲劳断裂失效

汽车零件在较长的工作时间内，由于不停受到交变载荷的作用，使汽车技术性能下降，进而产生断裂的现象叫疲劳断裂。在汽车使用过程中，有90%以上的断裂是由于汽车零件疲劳失效造成的，典型的疲劳断裂有汽车车架的裂纹、曲轴的裂纹与断裂、减震弹簧的裂纹与折断等，通常都是在交变载荷循环重复作用下，导致材料疲劳引起的故障。

1.4.1　疲劳断裂的形成

汽车的金属零件疲劳断裂实质上是一个不断累积损伤的过程，可分为滑移、裂纹成核、微裂纹扩展、宏观裂纹扩展、最终断裂等几个过程。

1. 疲劳裂纹核心的产生

在交变载荷下，汽车的金属零件表面产生了不均匀的滑移，金属内的非金属夹杂物和应力集中等可能是产生疲劳裂纹核心的主要因素。汽车零件的金属的晶界和非金属夹杂物等部位以及零件应力集中的部位均会产生不均匀的滑移，最后形成疲劳裂纹核心。

2. 疲劳裂纹的扩展

在没有应力集中的情况下，汽车零件的疲劳裂纹的扩展可分为两个阶段。在交变应力的作用下，裂纹从汽车金属材料表面上的滑移带、挤入槽或非金属夹杂物等薄弱处开始，沿着最大切应力方向的晶面不断地向内扩展，这是裂纹扩展的第一阶段。疲劳裂纹扩展的第二阶段的发展，在裂纹按第一阶段方式扩展了一定的距离后，将改变延伸方向，会沿着与正应力相垂直的方向扩展。因此汽车零件的整个疲劳过程是：金属滑移——微观裂纹的产生——微观裂纹的连接——宏观裂纹的扩展——发生断裂失效。

3. 疲劳断裂及断口宏观形貌特征

汽车零件最终出现疲劳断裂的断口在宏观上可分为3个区域：疲劳裂纹策源区，疲劳裂纹扩展区以及最后断裂区。

1.4.2　提高汽车零件抗疲劳断裂的措施和方法

影响汽车零件的疲劳强度的主要因素包括：零件截面尺寸的急剧变化或过渡圆角、划痕、沟槽、螺纹孔、键槽等处引起的应力集中；零件制造和修理过程中进行机械加工后在表面层产生的残余拉应力；在汽车修理过程中所采用的某些修复方法和措施，比如校正、堆焊、刷镀等。

提高汽车金属零件疲劳强度的措施主要包括以下几个方面内容。

1. 延缓疲劳裂纹萌生的时间

延缓疲劳裂纹的萌生时间可以显著提高零件的疲劳强度，可以采用强化金属合金表面、采用热处理方法防止晶界的产生、提高金属材料的纯洁度、尽量避免应力集中等技术措施来实现。

2. 降低疲劳裂纹扩展的速率

降低疲劳裂纹扩展速率的主要方法包括如下几种。

(1) 止裂孔法，即在裂纹扩展前方钻孔，利用圆孔对应力的分解来阻止裂纹的继续扩展。

(2) 扩孔清除法，方法是在不影响零件强度的前提下，采用扩孔方法加大已产生疲劳裂纹的内孔直径，以此将零件的疲劳裂纹清除。

(3) 刮磨修理法，利用特制的工具，运用刮磨的方法将零件局部表面已产生的裂纹清除。同时还可以在裂纹发生处，采用增加局部有效截面或焊补金属条等方法降低零件表面的应力大小，以阻止裂纹的继续产生与扩展。

3. 正确地执行新车或新总成的磨合与走合

正确地进行磨合与走合可对改善新车或新总成各零件摩擦表面的形状和性质有重要作用，是提高疲劳寿命的有效措施。

4. 正确地使用，合理地操作

在汽车运行中不应超载超速，不应经常性紧急制动、猛然启动；也不应让零件在腐蚀或高温的条件下连续工作，以免零件急剧磨损，使金属微粒嵌入零件表面造成应力集中，形成疲劳裂纹。

5. 在汽车修理时选取合适的表面强化处理工艺

通过零件表面强化工艺，常见的有化学热处理、表面淬火、表面变形强化、表面抛光、表面激化处理等，来改变零件表面层的残余应力和表面层的组织来提高抗疲劳能力。

第2章 汽车常见故障原因分析

 2.1 发动机机械系统常见故障及影响因素

发动机机械系统主要包括机体组、曲柄连杆机构和配气机构，常见的故障有气缸密封性下降、气缸压力降低、发动机异响等，其故障部位和故障原因如表2-1所示。

表2-1 发动机机械系统常见故障部位和故障原因

序号	故障部位	故障现象	主要原因
1	缸体及缸盖	漏气、漏水、漏油和异响	磨损、变形和裂纹
2	气缸垫	漏气、漏水和漏油	冲击或腐蚀损坏
3	活塞	漏气和异响	磨损和变形
4	活塞环	漏气、串油、拉缸和异响	磨损、断裂和装配不当
5	曲轴及连杆	异响	变形和轴颈磨损
6	轴承	异响	磨损及腐蚀
7	气门组件	漏气和异响	磨损
8	气门传动组件	漏气和异响	磨损及气门正时不正确

发动机异响是指发动机在工作过程中发出的不同于其在正常运转时产生的噪音的异常响声。发动机异响根据产生机理的不同，可以分为机械异响、燃烧异响和电磁异响等。影响发动机异响的主要因素有如下几种。

1. 转速

转速的大小对发动机的异响影响很大。一般情况下，随着转速的增加，发动机的异响现象逐渐严重。但由于发动机异响产生的部位及原因不一样，异响现象最明显时对应的发动机转速也有所区别。比如：在怠速或较低转速时，活塞敲缸现象、活塞销异响、轴承异响等更显著；而中等转速条件下，凸轮轴异响、气门座圈处产生的异响、气门损坏导致的异响等现象更明显；而连杆轴承响、活塞环响等在转速发生突变时异响较为明显。异响诊断应当在异响发生最为显著时的转速条件下进行。同时，为了减少不必要的发动机损耗、减轻发动机自身工作时产生的噪声对诊断结果的干扰，诊断异响时应尽可能选择在低转速下进行，有利于故障的正确判断。

2. 负荷

部分发动机异响的发生与发动机负荷的变化有关。比如：车辆进行爬坡、加速，或者处于满载工况时产生的轴承响、活塞敲缸响、点火敲击响等异响会随负荷的增大而增强。但是有些发动机异响，如气门响、凸轮轴响等，随着负荷的变化不会有明显的改变。

3. 温度

部分发动机异响的发生与发动机温度有关，这是由于配合件的热胀冷缩效应。热膨胀系数越大的配合副所产生异响的大小受温度的影响越大，热膨胀系数较小的配合副所产生的异响几乎不受温度变化的影响。比如：发动机过热引起的爆燃或表面点火，活塞在低温条件下敲缸响声不明显，但随着发动机温度的升高，配合副在热胀冷缩机理的作用下体积膨胀，配合间隙减小，密封性增强，反而会使异响有明显的加重。

4. 润滑条件

异响产生部位的润滑条件的好坏与其所产生的异响的强弱有关。由于润滑油膜具有吸声作用，如果异响发生在润滑条件较差的部位，异响声会明显增大，对曲轴主轴颈轴承异响、连杆轴承异响以及配气机构异响的影响更加明显。同时，有些异响现象的产生又会进一步导致润滑条件下降。

5. 缺缸

缺缸也会对发动机异响产生影响，单个气缸发生断火(断油)或复火(复油)时，发动机的异响也会产生明显变化。有些异响在单缸断火(断油)时会减轻或消失，比如：连杆轴承响、活塞环响、因气缸配合间隙过大造成的活塞敲缸异响等。有些异响在单缸断火(断油)时会明显增强，如因活塞销窜出或装配不良导致的异响、活塞裙部锥度过大导致的敲缸异响等。还有些异响与缺缸变化关系不大，单个气缸断火

(断油)时响声变化不明显，如气门间隙等配气机构异响。

6. 工作循环

发动机的工作循环也会影响其异响现象的产生及表现，尤其是曲柄连杆机构和配气机构。一般情况下，在发动机的每个工作循环中，即在进气—压缩—做功—排气冲程中，可以听到2次曲柄连杆机构异响，1次配气机构异响。

2.1.1　发动机曲轴主轴承异响故障原因分析

1. 故障现象

发动机正常、平稳运行时，曲轴主轴承异响不明显，但当重踩油门踏板车辆突然加速、爬坡等发动机的负荷增大时，主轴承处会发出低沉且持续的"铛铛"声，甚至还会伴随机体抖动。

2. 故障原因

(1) 零部件磨损严重，导致零件间装配不良。

(2) 轴承表面烧蚀现象严重、表面合金脱落、轴承表面有裂纹等。

(3) 润滑条件恶劣。

(4) 曲轴弯曲。

(5) 主轴承盖上的固定螺栓没有拧紧。

3. 异响特征分析

(1) 转速。当发动机转速增加时，尤其在从中等转速向高等转速转换的过程中，或者突然加速时，异响现象会随之更加显著。

在低速条件下，反复加大节气门并仔细查听异响，如果在怠速或较低转速时，异响现象较明显，缓慢增大节气门开度使发动机在高速下运行，此时响声杂乱。这种情况可以判断故障原因可能是曲轴弯曲。如果当发动机在高等转速下运行时出现较大振动，同时伴有油压显著下降，可以判断故障原因是主轴承松旷严重配合不良、烧蚀或合金脱落。如果发动机转速越大，异响现象越明显，同时在抖动节气门时，在增速的瞬间，响声尤其明显。这种现象可以判断为主轴承装配不当。

(2) 发动机负荷。异响现象随发动机负荷的增大(爬坡、载重等)而更加明显。

(3) 润滑条件较差导致润滑不良时，响声加重，油压明显降低。

(4) 当单个气缸断油(断火)时，异响现象没有明显变化；当相邻的两个气缸同时断油(断火)时，异响明显削弱。

(5) 发动机的每个工作循环，曲轴主轴颈发生2次异响。

(6) 多次连续抖动节气门，将机油注入口作为诊断部位，能够明显听到低沉的金属敲击声。然后在曲轴箱或油底壳上找到与曲轴轴线平行的截面作为听诊点，通过听诊器检测到金属敲击声最强的部位就是发出异响的部位。

(7) 其他现象。主轴承异响往往会伴随有油压下降的现象，甚至有时还会出现发动机抖动的现象，尤其是在高速或大负荷的情况下。

2.1.2 发动机连杆轴承异响故障原因分析

1. 故障现象

发动机在怠速条件下运行时，异响较小甚至没有异响。当突然增大油门时，发动机内部会发出连续的、短促有力的"铛铛"的敲击声。

2. 故障原因

(1) 零件磨损严重导致连杆轴承配合不良。

(2) 燃油压力过低、机油质量变差、连杆轴承内部油道阻塞等原因导致润滑条件恶化。

(3) 轴承表面烧蚀现象严重、表面合金脱落、轴承表面有裂纹等。

(4) 连杆轴承盖固定螺栓没有拧紧或者故障性断裂。

3. 异响特征分析

(1) 发动机在怠速工况下运行时，异响现象不明显甚至没有异响。随着发动机转速增加到中速时，异响现象逐渐明显，此时再次稍稍增大节气门开度，就会听到反复的敲击声；高速时因其他杂音干扰而不明显；突然加速时敲击声随之增加。

将怠速作为初始条件，使发动机转速从怠速——低速——中速——高速进行试验，同时将听诊器放在曲轴箱通风口处。当发动机转速增加时，异响现象越来越明显。然后抖动节气门，在节气门开度增大的瞬间，异响现象特别明显。尤其在异响现象十分严重的情况下，无论转速是多少都可以清楚地听到敲击声。

(2) 随着发动机负荷的不断增大，异响现象越来越明显。

(3) 发动机温度对异响的影响不太明显，但润滑油的温度会对连杆轴承异响产生影响。

(4) 当单个气缸断油(断火)时，异响现象大幅减弱甚至异响消失。但复火后异响又立即再次出现。如果连杆轴承过度松旷，单个气缸发生断火，异响现象不会有显著变化。

(5) 发动机的每个工作循环，连杆轴承发生2次异响。

(6) 一般将油底壳侧面作为检测连杆轴承异响的听诊点，在机油注入口或者曲轴箱通风管口处监听，能够清晰地听到敲击声。

(7) 其他现象。与活塞销响和活塞敲缸不同，连杆轴承响常常伴随有油压明显降低的现象，严重时机体会抖动。将听诊器放在油底壳的不同点上，当在某点感受到明显的震动时，即为相应的故障部位。

2.1.3　发动机活塞敲缸异响故障原因分析

活塞敲缸是指活塞在气缸内做上下往复运动时，由于摆动或窜动，活塞头部或裙部撞击气缸壁、缸盖产生的响声。发动机敲缸可以分为冷态敲缸、热态敲缸和冷热态均敲缸3种情况。

1. 故障现象

发动机在怠速或较低转速的工况下运转时，气缸的上部发出清脆连续的金属敲击声，异响严重时，敲击声更沉重。

2. 故障原因

(1) 活塞与气缸壁之间的间隙过大。

(2) 零部件(活塞裙部、气缸壁)磨损严重。

(3) 燃油压力过低，润滑条件恶劣，气缸壁润滑不良。

3. 异响特征

(1) 活塞敲缸异响与发动机转速有关。在怠速或低速时异响比较清晰，在中速或高速时异响减弱或无异响。

(2) 活塞敲缸异响现象随发动机负荷的增加而更加明显。

(3) 热态敲缸就是发动机冷态没有响声，启动车辆热车后，在怠速工况下出现异响，同时机体会产生微小振动，并且温度越高，异响现象越显著。发生热态敲缸故障需及时排除，以免发生更严重的拉缸故障。冷敲缸就是在一般情况下，冷车时异响现象较为明显，热车后异响现象减弱甚至消失。严重时冷热均敲缸，并伴有抖动。

(4) 当单个气缸断油(断火)时，异响现象大幅减弱甚至消失。

(5) 润滑条件较差时异响现象更明显。

(6) 发动机曲轴每转1圈，活塞敲缸异响产生1次。

(7) 先进行断油(断火)试验，然后分别在机体两侧听诊，能够清晰地听到敲击声，同时伴有微小振动的就是异响气缸。

(8) 其他现象。发生活塞敲缸异响的同时，经常会出现排气管冒蓝烟、气缸压力下降、机体振动等现象。

4. 异响特征分析

(1) 当发动机在略高于怠速的工况下运转时，异响现象较为明显，响声更加清脆。当发动机转速逐渐增加到低速时，活塞敲缸异响声随之逐渐增大，尤其在转速突然增加时，响声尤为清脆。

(2) 当单个气缸断油(断火)时，异响现象大幅减弱甚至消失。但复火后异响又立即再次出现。当异响现象严重时，在该转速下进行单个气缸断油(断火)试验时，异响现象会变得更明显，响声更加杂乱无章。

(3) 可以将发动机上部侧面或者气缸盖作为听诊点进行异响产生部位的检测。

2.1.4　发动机气门异响故障原因分析

1. 故障现象

发动机在怠速工况下运转时，气门室附近会产生清脆、有规律的"嗒嗒"声。如果有不止一个气门故障，异响声会变得杂乱。同时，进行断油(断火)试验时，异响现象没有明显变化。

2. 故障原因

(1) 摇臂轴配合松旷。

(2) 气门杆与气门导管配合间隙过大。

(3) 加工问题导致两接触面不平。

(4) 气门间隙过大。

(5) 气门脚润滑条件较差。

3. 异响特征分析

(1) 当发动机运转在怠速或者低速的工况下时，异响现象显著，随着转速的不断增加，异响增大，且频率增加。当发动机转速增加到中等转速时，异响已变得杂乱。

(2) 在发动机怠速运转的条件下，将听诊器放置在气门室或气门罩处听，可以听到明显、清脆的异响。

(3) 首先拆下气门室盖，然后在发动机怠速运转的条件下，将厚薄规合理放置在气门间隙中，如果此时异响现象削弱甚至无明显的异响，则可认为是气门间隙过大导致的异响产生。最后在气门间隙中滴几滴机油，如果异响现象削弱甚至无明显的异响，就可判断为是气门脚响；如果异响现象依然存在、没有明显的变化，则可判断是气门落座响。

(4) 如果通过上述诊断发现不是气门间隙过大导致的异响，此时可以用工具撬动气门杆，若异响现象消失，则可诊断为气门杆与导管磨损过度。

2.1.5　发动机液压挺柱异响故障原因分析

1. 故障现象

在怠速工况下，发动机凸轮轴附近产生连续、有节奏的金属敲击声。随着转速的增加，至中等转速以上时，异响现象削弱或者消失。

2. 故障原因

(1) 挺杆液压偶件磨损。

(2) 润滑油不足，润滑条件较差。

(3) 挺杆与导孔配合面磨损严重。

3. 异响特征分析

(1) 在怠速状态下，逐渐加大节气门开度。在怠速条件下，发动机上部异响现象明显；在中等转速及以上时，异响现象削弱或者消失，断油(断火)试验响声无变化。

(2) 车辆启动时，由于润滑油还没有完全进入液压挺杆，液压挺杆产生的异响不太明显，并且启动后，随着润滑系统开始工作，异响现象消失，该过程中产生的异响可以视为正常反应，不是故障现象。但继续踩下油门踏板，发动机转速不断升高至2300r/min左右时，保持该转速持续运转2min后，如果液压挺杆异响现象依然存在，同时机油压力正常，说明是液压挺杆故障。此时将液压挺杆拆下并垂直按压，如果感到液压挺柱压缩后有弹性，则可判断为液压挺杆失效，需要及时更换液压挺杆。

在发动机运行过程中，各种噪音与异响的响声模糊杂乱，难以区分。有时虽然异响现象产生的原因不同，但是其故障表现形式相同。这就会对检测人员的检测结果造成干扰。检测人员需要有一定的经验积累才能够根据异响现象找到不同的故障原因。需要注意的是，在诊断过程中需加速时，应当依次缓慢增加转速。在认真辨别异响变化的同时，也要时刻关注机油压力的变化情况，防止在试验的过程中对发动机造成更大的损坏，影响其使用寿命。

 ## 2.2　发动机启动困难故障原因分析

发动机启动困难可以分为两个方面：发动机不能启动和发动机启动困难。其中启动困难可以分为冷车启动困难和热车启动困难。发动机不能启动可以分为3种情况：一是启动机无法带动发动机运转；二是启动机可以使发动机工作，但发动机转速提不上来；三是启动机可以使发动机正常运转，但发动机不能正常启动。前两种情况的主要原因是启动系统故障或发动机内部机械故障，后一种情况的产生往往和电子控制系统、点火系统、供油系统等的工作情况有关。

2.2.1　发动机不能启动故障原因分析

1. 故障现象

启动机可以使发动机正常运转，但发动机在长时间内都不能正常启动。

2. 故障原因

(1) 火花塞触点、初级点火线圈、次级点火线圈、转速传感器、CMPS、点火模块、ECU、控制线路等故障导致发动机高压无火或者点火正时过早(过晚)。

(2) 冷却液温度传感器、进气温度传感器及控制线路有故障。

(3) 发动机气缸压力过低。

(4) 油箱缺油、燃油压力调节器失效，喷油器或者汽油泵不工作导致供油系统不喷油，或者ECU没有输出启动信号给喷油器。

(5) 其他机械故障。

2.2.2　发动机冷启动困难故障原因分析

1. 故障现象

当发动机中冷却液温度为正常工作温度时，发动机可以正常启动。但是如果冷却液温度低于正常工作温度，发动机就需要经过不断反复多次启动后才有可能正常工作。

2. 故障原因

混合气浓度过稀、击穿电压太低、气缸压力过低等都是导致发动机冷启动困难的主要原因。

(1) 火花塞发生积炭、濡湿等现象，电极破损或漏电。

(2) 发动机进气系统发生严重漏气导致混合气浓度过稀。

(3) ECU未接收到启动信号。

(4) 高压线、点火线圈、控制模块等工作性能降低使点火能量下降。

(5) 冷启动喷油器不喷油、喷油器雾化不良。

(6) CTS、IATS有故障。

2.2.3　发动机热启动困难故障原因分析

1. 故障现象

在冷启动状态下，发动机能够正常启动工作。当运行一段时间后，发动机达到正常工作温度后反而会发生熄火，而且熄火后再次启动困难，有时甚至无法启动。

2. 故障原因

混合气浓度过浓或过稀是导致发动机热车启动困难的主要原因。

(1) 喷油器漏油或雾化不良。

(2) 空气滤清器脏堵，导致进气量减少。

(3) 冷启动喷油器一直喷油。

(4) CTS、IATS及其控制线路有故障。

(5) 燃油压力调节器工作故障、回油管堵塞及油管产生气阻等。

2.3　发动机怠速不良故障原因分析

发动机怠速不良主要表现为怠速不稳或怠速过高。

2.3.1　发动机怠速运转不稳定故障原因分析

1. 故障现象

(1) 启动后，发动机在怠速工况下，转速较低，同时伴有车身抖动、游车甚至熄火等现象。

(2) 打开车载空调或使用动力转向装置时，怠速不稳定、转速下降甚至熄火。

2. 故障原因

(1) 电子控制单元损坏。

(2) 气缸压力过低。

(3) 氧传感器有故障。

(4) 进气管漏气。

(5) 空气流量计、进气压力传感器信号不良。

(6) EGR阀处于常开状态。

(7) 空调开关、动力转向开关信号不良。

(8) 个别气缸故障，不工作。

(9) 节气门位置传感器信号不良。

(10) 燃油蒸汽回收装置工作不良。

(11) 怠速控制阀或线路故障、怠速空气通道堵塞。

2.3.2　发动机怠速过高故障原因分析

1. 故障现象

当达到正常工作温度后，发动机怠速仍然过高。

2. 故障原因

进气量偏多、控制线路问题等是导致发动机怠速转速过高的主要原因。

(1) 真空管漏气。

(2) 空气流量计、MAP信号不良。

(3) 节气门不能完全关闭。

(4) 燃油压力调节器故障。

(5) 燃油蒸汽回收装置故障。

(6) TPS、CTS信号不良。

(7) 空调开关、动力转向开关、自动变速器挡位开关信号不良。

(8) 怠速控制阀有故障。

(9) 电子控制单元有故障。

 ## 2.4　发动机动力不足、加速无力故障原因分析

1. 故障现象

发动机转速变化不平稳，机体抖动严重。它往往还伴随着不易加速甚至熄火、耗油量增大、排气管内出现连续的"突突"异响，甚至出现回火、放炮等现象。

2. 故障原因

点火系统、燃油供给系统、电子控制系统、冷却系统、润滑系统等系统故障以及机械故障都会导致发动机动力不足、加速无力。具体原因有如下几点。

(1) 点火太晚、高压火弱。

(2) 进气系统漏气。

(3) 空气滤清器没有及时清理更换、三元催化器或排气管堵塞造成进、排气困难。

(3) 个别气缸不工作或多个气缸工作不良。

(4) 燃油质量差、燃油压力不正常。

(5) EGR系统工作不正常。

(6) 进、排气门没有完全密封，气缸压力较低。

(7) 空气流量计、MAP信号不良。

(8) 喷油器工作不良、油压调节器损坏。

(9) OS、KS、TPS、转速传感器及凸轮轴位置传感器信号不良。

(10) 电子控制单元有故障。

2.5　电控发动机故障主要类型及判定方法

电子控制燃油喷射(EFI)系统的各项工作是由多个不同元件相互配合的结果，如果其中的一个或几个元件损坏，都必将影响整个系统的正常工作。其常见的故障元件及故障表现主要有如下几点。

(1) 蓄电池电压过低或者过高：电压过低可能导致发动机启动困难、经常熄火甚至无法启动等，过高可能会对其他电子元件造成损害。

(2) 空气流量计(AFS)故障：发动机不仅启动困难，而且启动后已发生熄火、喘振、转速不能平稳变化、加速困难、爆震、怠速不稳、游车、油耗量过大、排放不达标等现象。

(3) 发动机转速传感器(CPS)故障：大部分发动机启动困难或启动后易熄火，有时甚至不能启动，还可能导致缺火、喘振等现象出现。

(4) 进气温度传感器(IATS)故障：相应故障灯亮、耗油量较大，增压式发动机还会产生爆震等现象。

(5) 发动机冷却液温度传感器(CTS)故障：冷、热启动均困难、怠速时转速过高且不稳定、加速困难、排放不达标、耗油量过大等。

(6) 发动机节气门位置传感器(TPS)故障：怠速过高或怠速不稳、加减速不良或不能降回怠速、进入安全—失效模式等。在不装备电子节气门的车上，还会出现加速不良、动力不足、启动困难等现象，同时它也是自动变速器换挡控制信号之一，发生故障后将引起换挡点不正常等。

(7) 凸轮轴位置传感器(CIS)故障：发动机启动困难或启动后易熄火，有时甚至不能启动，还可能引起燃油喷射正时偏差较大、动力不足、排放异常等现象的发生。

(8) 加速踏板位置传感器(APS)故障：换挡不顺畅、加速困难、转速不平稳、喘振、点火爆震等。

(9) 氧传感器(OS)故障：排放不达标、加速无力、热车启动困难、排气管冒黑烟、放炮、耗油量增加、怠速不平稳等。

(10) 爆震传感器(KS)故障：喘振、爆震、耗油量较大、转速不平稳、加速时间长等。

(11) 发动机喷油嘴故障：冷、热启动均困难、怠速不平稳、加速困难、排放不达标、耗油量过大等。

(12) 燃油压力调节器故障：发动机启动困难，有时甚至不能启动、加速反应时间长、动力较小、耗油量较大、排放不达标等。

(13) 点火线圈、点火模块故障：发动机缺火、无火、怠速不稳定、机体发生抖动、喘振、加速反应时间长、动力较小、耗油量较大、排放不达标等。

(14) 火花塞故障：发动机缺火、火弱、怠速不平稳、加速困难、耗油量较大、排放不达标等。

(15) 燃油泵故障：发动机启动困难甚至无法启动、发动机熄火、喘振、转速不稳、爆震、动力不足、怠速不平稳、加速困难、耗油量较大、排放不达标等。

(16) 电子节气门控制执行器(ETC)故障：发动机启动困难或者启动后易熄火，

甚至无法启动、喘振、转速不稳、加速困难、动力不足、怠速不稳定、游车、抖动、耗油量太大等。

(17) 启动开关故障：启动机不工作、怠速时转速太高、怠速不稳定、耗油量较大等。

(18) 进气管道或真空管泄漏：怠速不稳定、发动机易熄火、喘振、转速不稳、游车、排放不达标、真空控制系统工作状态不好等。

(19) 冷却风扇电机故障：冷却风扇不工作时，发动机散热速度慢，可能会导致动力不足、加速困难、爆震、发动机熄火等现象。冷却风扇持续高速转动时，会导致发动机升温缓慢，暖机时间长，加速发动机内部机械磨损、噪声增大、耗油量增加等。

(20) 废气再循环系统(EGR)故障：发动机启动困难或者启动后易熄火甚至无法启动、怠速不稳定、加速困难、动力不足、排放不达标等。

(21) 动力转向系统故障：在车辆转向过程中，发动机在怠速时会产生抖动甚至熄火。

(22) 进气动力阀真空促动器故障：高速大负荷动力不足。

(23) 曲轴箱强制通风阀(PCV)故障：怠速不良、机油消耗量过大。

(24) 三元催化器(TWC)故障：相应气缸工作状态不良；排放不达标、动力不足、加速无力、发动机启动困难或者启动后易熄火甚至无法启动。

(25) 发动机电子控制模块(ECU或ECM)故障：发动机启动困难或者启动后易熄火甚至无法启动、喘振、转速不平稳、加速时反应时间长、爆震、动力不足、怠速时机体抖动严重、游车、耗油量较大、排放不达标等。

(26) 活性炭罐(EVAP)电磁阀故障：怠速时转速不稳定、尾气中可以闻到明显的汽油味、混合气浓度过浓、有时会发生熄火、排放不达标、耗油量过大等现象。

(27) 活性炭罐故障：炭罐吸附饱和、汽油味大、油耗增大等。

一般情况下，对电喷式发动机进行检测诊断的步骤如下：

(1) 弄清故障发生的过程，确认车辆发动机内的原装零部件是否被更换过等。

(2) 获取故障码。

(3) 如果可以获得故障码，接下来则可以通过查表的方式，找出故障码对应的故障类型，经过检测诊断出故障原因并进行维修。

(4) 如果没有获得故障码，或故障码显示一切工作正常，则可以利用数据流的方式，结合故障表现形式，找出故障原因并进行维修。

(5) 维修后，通过试验验证故障是否已经排除。

在出现故障后，也可以采用以下方法进行故障征兆的模拟试验，初步判定故障的原因和部位，尽量减少故障对行车的影响：

(1) 振动法

如果已确认振动是主要原因，可以采用以下方法进行测试：

① 分别在垂直和水平方向慢慢摇动连接器。

② 分别在垂直和水平方向慢慢摇动配线。认真检查连接器的接头、固定支架和穿过开口的连接器体等部位。

③ 用手指轻轻拍打装有传感器的零件(尽量避开继电器部分)，检查是否失灵。

(2) 加热法

如果怀疑某一部位是受热而引起故障时，可以采用以下方法进行测试：

用电吹风机等工具对疑似故障零件(ECU除外)进行适当(加热温度应小于60℃)加热，在此过程中观察故障是否会再次出现。

(3) 水淋法

如果故障可能是雨天或高湿度环境引起时，可以采用以下方法进行测试：

将适宜温度的水喷洒在车辆上，在此过程中观察故障是否会再次出现。

在此过程中需要注意的事项有：

① 在试验过程中，水不能直接喷洒在发动机内部零部件上，只能在散热器前面喷洒适量的水，通过间接的方式改变发动机工作时的温度和湿度。

② 在试验过程中，水不能直接喷洒在电子元器件上，以免造成其他更严重的故障。

③ 为防止试验过程中的水滴入ECU，造成更严重的故障，水淋法一般不建议使用。

(4) 电器全接通法

如果怀疑故障可能是用电负荷过大引起的，可以采用以下方法进行测试：

打开全部用电设备，包括汽车空调(制冷)、灯光、后窗除雾器等，在此过程中观察故障是否会再次出现。

2.6　发动机点火系统故障原因分析

高压线无火或者火弱现象是常见的点火系统故障，可分为低压线路故障、高压线路故障以及点火正时偏差故障。

检测可以采用每个缸分别试火的方式进行。

任选一个分缸，拔下其高压线后替换一个备用火花塞，并将火花塞进行打铁，然后启动发动机并进行跳火试验。如果火花颜色为蓝白色或紫蓝色，则说明点火系统工作正常。如果没有产生火花或者火花不明显，或火花颜色为红色，则说明点火系统存在故障。

1. 低压电路故障

断路、短路或搭铁及元件损坏都有可能造成低压电路故障，具体原因如下。

(1) 低压线路断路、搭铁或连接器接触不良。

(2) 初级线圈断路、短路。

(3) 点火信号发生器(传感器)失效。

(4) 点火开关断路或搭铁。

(5) 点火控制器损坏、搭铁不良或连接器接触不良。

(6) 搭铁线松动或断开导致点火器搭铁不良等。

2. 高压电路故障

故障现象如下。

(1) 低压电路正常，中央高压线无火或火弱。

(2) 中央高压线火花正常，而分缸线无火。

(3) 低压电路、高压电路以及分缸线火花均正常，发动机却难以启动。

故障原因如下。

(1) 点火线圈次级线路断路、插孔脏污、潮湿有水、漏电及性能下降等。

(2) 火花塞工作不良，如烧蚀、积炭、油污、裂损、漏电及间隙不当、型号不符等。

(3) 高压线漏电，阻尼式高压线端头烧损或防干扰插头损坏。

3. 点火正时不准故障

点火正时不准故障主要为点火错乱、点火过早或过迟。

故障现象：发动机在启动时有发动征兆，并时有回火、放炮现象出现。

故障原因如下。

(1) 点火正时调整不当，配气正时变动错位。

(2) 点火提前调节装置失效。

 ## 2.7　发动机燃油供给系统故障原因分析

发动机供油系统故障会使燃油与空气混合比例失衡，导致不供油、混合气过稀或者过浓以及漏油等故障。

2.7.1　供油系统不供油故障原因分析

1. 故障现象

发动机不能启动或在运转过程中自动熄火，不能再次启动。

2. 故障原因

(1) 油箱燃油不足。

(2) 汽油滤清器严重堵塞。

(3) 燃油压力调节器膜片破裂。

(4) 冷却液温度传感器信号失常、曲轴位置传感器(发动机转速传感器)无信号、启动开关信号未传入ECU等，使ECU未进行喷油控制。

(5) 油泵电机损坏，熔断器、继电器损坏或线路断路、接触不良等。

(6) 喷油器线圈、继电器、熔断器损坏或控制线路不良等。

(7) 油管及接头漏油。

(8) ECU有故障。

2.7.2　混合气过稀故障原因分析

1. 故障现象

踩下加速踏板后发动机转速不能马上升高，存在延迟期，加速反应迟缓，或在加速过程中发动机转速有轻微的波动，有时出现"回火""放炮"现象。

2. 故障原因

(1) 燃油泵性能故障。

(2) 节气门位置传感器或空气流量计、进气歧管绝对压力传感器、冷却液温度传感器、曲轴位置传感器、氧传感器信号不良。

(3) 喷油器堵塞。

(4) 废气再循环系统工作不良。

(5) 燃油压力调节器性能下降。

(6) 燃油滤清器堵塞，管路泄漏导致进油量减少。

(7) 进气歧管、真空管泄漏等。

(8) 电控单元ECU故障。

2.7.3　混合气过浓故障原因分析

1. 故障现象

发动机耗油量过大，排气管冒黑烟，发动机运转不稳，加速无力。

2. 故障原因

(1) 氧传感器性能下降或失效。

(2) 油轨中的燃油压力过高。

(3) 空气滤清器堵塞。

(4) 水温传感器、空气流量计或进气管压力传感器信号不准或失效。

(5) 喷油器滴油或漏油。

(6) 冷启动喷油器漏油或冷启动控制系统工作不正常。

(7) ECU中出现的控制故障。

 ## 2.8 发动机润滑系统故障原因分析

2.8.1 机油压力过低故障原因分析

1. 故障现象

发动机在正常温度和转速下,机油压力报警器报警或机油压力表的读数始终低于规定值。

2. 故障原因

发动机机油压力过低的原因较多,有润滑系的原因,也有非润滑系的原因,具体如下。

(1) 机油量少导致油面过低、机油黏度过小或未按规定换油、机油变质(如混入汽油、冷却液)等。

(2) 机油泵效率下降工作不良,机油泵进油滤网堵塞等。

(3) 油底壳漏油、放油螺塞漏油,机油管道、接头漏油或堵塞等。

(4) 曲轴主轴承、连杆轴承或凸轮轴轴承的配合间隙过大，轴承盖松动，造成运行时的泄油量过大，导致机油压力过低。

(5) 机油压力限压阀弹力调整不当、卡滞或限压阀弹簧过软或折断等。

(6) 油底壳中的机油集滤器或机油滤清器堵塞，密封衬垫损坏导致漏油或旁通阀堵塞等。

(7) 机油压力表指示不准确，如油压表、传感器、油压开关、油压报警灯、报警器失效等。

(8) 点火正时失准、混合气浓度不当或发动机过热等也会导致机油压力降低。

2.8.2 机油压力过高故障原因分析

1. 故障现象

发动机在正常温度和转速下，机油压力表的读数始终高于规定值。

2. 故障原因

(1) 机油选用不当，黏度过大，机油量过多。

(2) 润滑油道、气缸体主油道油泥过多堵塞。

(3) 机油压力限压阀调整不当或卡滞。

(4) 发动机各运动副轴承间隙过小。

(5) 油压表、传感器及油压指示装置失灵。

(6) 机油滤清器滤芯堵塞，且旁通阀开启困难等。

2.8.3 机油消耗量过大故障原因分析

1. 故障现象

发动机工作时，机油消耗量超过规定值，排气管冒蓝烟，气缸内积炭增加，火花塞表面油污或出现积炭现象等。

2. 故障原因

发动机机油消耗过大的主要原因是漏油或烧机油，具体原因如下。

(1) 密封部位的油封或密封垫损坏后漏油。

(2) 气门与气门导管之间的间隙过大、气门油封失效或脱落、曲轴箱强制通风阀失效等使机油进入燃烧室被烧掉。

(3) 活塞与气缸配合间隙过大，活塞环开口出现对口或弹性下降等造成串油。

2.8.4　机油变质故障原因分析

1. 故障现象

(1) 机油变稀，高度增加，且有汽油味，并伴有混合气过稀现象。

(2) 机油呈浑浊乳白色，同时有发动机过热或个别缸不工作的现象。

(3) 将机油滴在滤纸上，机油呈现黑色，用手指捻试感觉无黏性，并有杂质感。

2. 故障原因

机油变质主要原因是机油的高温氧化或混入冷却液、汽油及其他杂质，具体如下。

(1) 机油使用时间超过使用期限，未定期更换，高温氧化后变质。

(2) 气缸垫损坏、气缸体或气缸盖破裂，导致冷却液漏入油底壳，此时机油会变为乳白色。

(3) 燃烧炭渣、金属屑或其他杂质过多时，落入油底壳使机油变质。

(4) 由于气缸活塞组密封性下降、曲轴箱通风不良，机油受燃烧废气污染而变质。

(5) 汽油喷油器漏油，汽油漏入油底壳稀释机油。

(6) 机油散热器散热不良、发动机过热，机油温度过高，加速了机油高温氧化速度。

2.9　发动机冷却系统故障原因分析

发动机冷却系统一般由散热器、风扇或热敏开关、水泵、节温器、水套及指示与报警装置等组成，常见故障有冷却液温度过高(发动机过热)、冷却液温度过低或升温缓慢、冷却液消耗过大等。

2.9.1　发动机过热故障原因分析

1. 故障现象

汽车在使用过程中，水温表指针经常指在100℃以上或指针长时间停留在红色区域，水温报警灯报警，并伴随有冷却液沸腾现象。

2. 故障原因

造成发动机过热的原因很多，很多部件的异常状态都会导致水温升高，同时还与发动机的合理使用有关，具体原因如下。

(1) 冷却液循环水量不足，或冷却系严重漏水。

(2) 风扇皮带松弛或打滑，风扇驱动失效，温控开关、风扇电动机损坏，叶片变形等。

(3) 水温表或报警指示有误，如传感器损坏、线路搭铁、脱落或指示表失灵等。

(4) 水泵效率下降导致泵水量不足，水泵皮带过松或打滑，轴承松旷，水泵轴与叶轮脱转，水泵叶轮、叶片破损，水泵密封面、水封漏水，水泵内有空气等。

(5) 散热器芯管堵塞、漏水、水垢过多或散热器片变形后导致冷却效果下降。

(6) 冷却水套、分水管等积垢过多造成的堵塞或锈蚀等。

(7) 点火过早或过迟、混合气过稀或过浓、主要运动副润滑不良等。

(8) 节温器失效，致使冷却液大循环工作不良。

(9) 冷却液中水垢过多，散热效果下降，致使冷却效能降低。

(10) 空调冷凝器持续工作温度过高影响冷却系散热。

(11) 发动机压缩比过大，缸压过高，爆燃或进、排气不畅等。

(12) 未按照规定要求使用，如经常长时间、超负荷工作等。

2.9.2 发动机水温过低故障原因分析

1. 故障现象

在汽车正常使用过程中，水温表指针经常指在75℃以下，或发动机工作时，水温表指针长时间达不到正常温度区间。

2. 故障原因

发动机冷却液温度过低或升温缓慢，主要是由于节温器工作不良、水温指示装置失效等造成的。

(1) 在冬季或寒冷地区行驶时，未采取车身保温措施。

(2) 冷车快怠速失效或调整过低。

(3) 水温表或水温感应器损坏，指示有误。

(4) 风扇离合器或温控开关结合过早。

(5) 节温器漏装或阀门黏结不能闭合。

2.9.3 发动机冷却液消耗过多故障原因分析

1. 故障现象

汽车在行驶时有发动机漏水现象，同时冷却液液面下降过快，须经常添加冷却液。

2. 故障原因

冷却液消耗过多主要是由冷却液的泄漏引起的，具体原因如下。

(1) 散热器损坏、水泵密封不良、管路接头损坏、松动等造成冷却系外部渗漏。

(2) 气缸垫损坏、缸体缸盖水套破裂、气缸盖翘曲、缸盖螺栓松动等造成冷却系内部渗漏。

 # 2.10　柴油机常见故障原因分析

柴油机常见故障主要分两种，一种为柴油机不能启动，另一种为柴油机无力，同时会产生大量黑烟或白烟。其中柴油机不能启动又分为无发动征兆和有发动征兆，而发动机无力表现为柴油机游车、高速不良等状况。

2.10.1　柴油机不能启动故障原因分析

1. 故障现象

在启动机的带动下柴油机能够正常运转，但柴油机无法启动。主要表现为：

(1) 启动时能听到间断的爆发声，排气口冒黑烟、白烟或灰白烟量大，柴油机有发动征兆。

(2) 启动时无法听到爆发声音，排气口无烟排出，柴油机无发动征兆。

2. 故障原因

柴油机压缩终了时的喷油正时、喷油质量等压燃条件会导致柴油机无法启动。

(1) 柴油机无发动征兆的故障实质为柴油没有进入气缸，而多数情况为供给系统工作不良导致柴油无法进入气缸，具体故障原因如下。

① 燃油滤网堵塞，进出油阀密封不良，气缸活塞卡滞、损坏或密封圈失效。

② 油箱开关未正常打开或油箱盖空气孔堵塞，油箱内无燃油或存余油量不足、上油管堵塞或折断。

③ 输油管破裂、燃油滤清器堵塞或接头松动漏气、输油管严重堵塞。

④ 针阀喷油孔堵塞、过高调整喷油压力、针阀因出现积炭或烧结而不能开启。

⑤ 供油拉杆于不供油位置卡死或熄火拉钮无法退回、驱动联轴节损坏、低压油腔内混入空气或压力过低、柱塞与套筒间隙偏大或二者黏滞、出油阀粘黏或其弹簧断折。

(2) 柴油机有启动征兆但不能启动的故障本质为柴油虽进入燃烧室，但无法完全具备压燃条件，导致喷入燃烧室的燃油不能燃烧或不能完全燃烧，并使柴油机大量排放黑烟、水汽白烟或灰白烟。

① 多数情况喷油过早、喷油压力不足、进气道堵塞、气缸压力偏低、柴油质量低劣、柴油雾化不良或供油量过大会导致柴油机不能启动并大量排黑烟，具体原因如下。

a. 排气制动阀未完全打开。

b. 喷油泵正时调整偏早，或喷油泵驱动联轴节上的固定螺栓旷动。

c. 气缸压力过低或空气滤清器、进气通道堵塞。

d. 喷油器泄漏、卡死在常开位置，或弹簧过软使喷油压力过低。

e. 喷油泵(拥有柱塞挺杆调整螺钉)调整螺钉松动，喷油泵及调速器故障使供油量偏大。

② 多数情况进入燃烧室的水受热汽化将导致柴油机不能启动，并大量排放水汽白烟，具体原因如下。

a. 气缸体或气缸盖冷却水套破裂。

b. 燃油中混加水分偏多。

c. 气缸盖螺栓旷动或气缸垫破损使冷却液进入燃烧室。

③ 多数情况下发动机温度偏低、缸内压力严重不足、喷油过晚、喷油器泄漏等会导致柴油机不能启动并大量排放灰白色烟雾(柴油蒸汽)，具体原因如下。

a. 喷油器卡在常开位置或雾化不良。

b. 供气不足，由于缺氧使相当数量的燃油未能燃烧被排出。

c. 气缸压缩温度和压力达不到柴油的自燃条件。

d. 冷启动预热装置无法正常工作，发动机温度偏低。

e. 喷油正时不精确，燃油无法形成混合气进行燃烧后排出。

f. 供油不足、气缸内温度偏低、燃油蒸发条件较差使得发动机不能启动或启动后不久又熄火，从而未燃烧的柴油便与空气混合成灰色烟雾排出。

2.10.2　柴油机动力不足故障原因分析

1. 故障现象

(1) 柴油机无力，运转不顺畅并排出大量白烟，或刚启动时排白烟，温度升高后排黑烟。

(2) 柴油机无力，工作不平稳，大量排放黑烟，加油时伴有敲击声，有时出现过热现象。

2. 故障原因

(1) 多数情况燃油燃烧不完全会导致柴油机无力并大量排黑烟，主要原因如下。

① 多缸或个别缸供油时间过迟。

② 多缸或个别缸气缸压力过低或供油太多。

③ 多缸或个别缸喷油压力过低或喷雾质量太差。

④ 进、排气通道不畅通(包括空气滤清器、管路和排气制动阀等)。

(2) 柴油机无力并大量排白烟的原因如下。

① 柴油中混入水分过多。

② 喷油时间过晚、缸内压力过低或配气正时失准。

③ 气缸垫烧损，气缸或气缸盖破裂漏水。

2.10.3　柴油机转速上不去故障原因分析

1. 故障现象

虽然发动机运转平顺，但动力不足、没有高速且排烟极少。

2. 故障原因

柴油机出现高速不良现象的实质为无法提供最大油量或供油不足。

(1) 调速器调整不良不能保证喷油泵最大供油量，喷油器泄漏使喷油量减少。

(2) 供油调节拉杆行程变化使其不能保证最大供油量,凸轮或挺杆滚子磨损过甚,柱塞磨损过量,油量调节齿杆不能达到最大供油位置等。

(3) 输油泵供油不足、输油管路不畅、柴油黏度过大或燃油滤清器堵塞。

2.10.4 柴油机转速不稳故障原因分析

1. 故障现象

柴油机运转过程中出现有节奏的时快时慢现象,在加、减速情况下,发动机转速变化迟钝,发动机动力不足等。

2. 故障原因

柴油机出现游车现象的原因为柴油机正常的调速功能被破坏,一般情况是因喷油泵和调速器内零件配合间隙过大,使供油量的改变滞后于转速变化过多,或内部零件运动阻力偏大,使调速器灵敏度下降,如调速器或油量调节机构卡滞、机件连接旷动等。

2.10.5 柴油机转速超速故障原因分析

1. 故障现象

柴油机超速俗称"飞车",是指在汽车运行或柴油机空转过程中,尤其在全负荷或超负荷运行中突然卸载后,转速自动升高超过额定转速而失去控制的现象。

"飞车"现象发生时,柴油机会发出巨大声响,如不及时控制,机件会因此损坏,甚至会飞出伤人。

2. 故障原因

"飞车"的主要原因有两个:一是燃烧室内有额外柴油或机油进入;二是喷油泵调速器不正常运转,丧失了正常的调速特性。具体原因如下。

(1) 低温预热电磁阀失效，热机后仍额外供给柴油。

(2) 喷油泵油量调节齿杆或供油拉杆卡滞在额定供油位置无法正常回位。

(3) 调速器最大油量调整螺钉调整不当。

(4) 调速器弹簧折断或弹力下降、销子脱落。

(5) 油量调节齿杆与调速器拉杆松脱。

(6) 喷油泵柱塞卡滞在高速位置或其弹簧折断。

(7) 增压器油封损坏，机油进入燃烧室燃烧。

 ## 2.11　发动机排烟异常故障原因分析

1. 故障现象

发动机在工作过程中，运转不平稳，动力性下降，油耗升高，并伴有白烟、黑烟或蓝烟排出。

2. 故障原因

(1) 喷入缸内油量过多、混合气过浓导致排气管排黑烟。主要原因如下。

① 冷启动喷油器不间断工作。

② 燃油压力偏高。

③ 喷油器故障漏油。

④ 氧传感器信号不良。

⑤ 冷却液温度传感器信号不稳定。

⑥ 空气流量计、进气压力传感器信号失效。

⑦ 电子控制单元有故障。

(2) 排气管排蓝烟为烧机油所致。主要原因如下。

① 活塞和气缸配合间隙过大。

② 活塞环磨损、弹性下降。

③ 气缸磨损严重。

④ 气门导管密封不良。

(3) 排气管排白烟为混合气中水分过多所致。主要原因如下。

① 缸盖变形。

② 气缸垫损坏。

③ 缸体破裂。

④ 汽油品质差，水分过多。

2.12　发动机尾气排放超标故障原因分析

汽车排放的有害气体主要有CO、HC和NOx，为了提高环境质量，电控发动机采取了多种有效措施来降低排放产生的污染。目前，在各种轿车上配备的降低排放污染的装置主要有三元催化器、燃油蒸汽回收装置、废气再循环装置(EGR)、二次空气喷射装置等。

若排放控制系统无法正常运作，将导致尾气排放超标。此外，点火不及时、个别缸不运转会导致CO、HC的含量超标；而由于冷却液温度传感器、氧传感器、进气压力传感器、空气流量计等信号失常，燃油供给系统故障及ECU损坏导致的混合气过稀或过浓也会使CO、HC的含量超标。

有害气体CO、HC、NOx中的一种气体超标，或是两种及两种以上的有害气体均超标都属于汽车排放超标。

1. HC化合物的排放量过大

以下列出的一个或多个条件都有可能引起HC化合物的排放量高于正常值。

(1) 点火能量不充足或点火系统缺火，导致混合气燃烧不充分。

(2) 点火正时不准确。

(3) 二次空气喷射控制系统有故障。

(4) 电控系统的传感器、控制单元以及供给系统故障导致混合气过浓或过稀。

(5) 个别缸不运转。

(6) 缸内压力偏低导致燃烧不良。

(7) 三元催化转换器有故障。

(8) 燃油蒸发控制系统无法正常工作，造成混合气过浓。

(9) EGR系统异常导入废气导致非完全燃烧。

2. CO的排放量过大

(1) PCV系统有故障、串缸混合气过多。

(2) 喷油器漏油或冷启动喷油器工作异常导致混合气过浓。

(3) 燃油压力调节器不良导致油压偏高。

(4) 冷却液温度传感器、空气流量计、进气压力传感器等信号不正确，氧传感器失效及ECU损坏导致喷油过多。

(5) 三元催化转换器失效。

(6) 二次空气喷射控制系统异常(如总是逆流泵入空气)。

(7) 空气滤清器堵塞造成混合气过浓。

(8) 燃油蒸发控制系统故障，造成混合气过浓。

(9) EGR系统不能正常导入废气导致不完全燃烧。

3. NOx的排放量过大

(1) EGR系统不能正常工作。

(2) 发动机冷却系统等故障导致过热。

(3) 点火正时不精确导致燃烧温度偏高。

(4) 传感器故障、ECU故障或供给系统故障使得混合气过稀，燃烧缓慢，致使发动机过热。

(5) 空气调温系统、增压系统故障造成进气温度过高。

(6) 缸内压力过大、燃烧室积炭过多等导致异常燃烧。

(7) 增压发动机进气增压过大(如废气旁通阀于关闭位置卡滞等)。

4. O$_2$读数比正常值低，而CO读数比正常值高

通常这种情况是由于混合气过浓、燃烧不完全所致，应主要检查导致混合气过浓的原因。

(1) 喷油器漏油。

(2) PCV阀故障损坏。

(3) 燃油压力偏高。

(4) 发动机控制单元或燃油喷射系统中相关的传感器出现故障。

(5) 燃油蒸发控制系统异常工作，导致混合气过浓。

5. O$_2$读数比正常值高，而CO的读数比正常值低

一般这种情况是由于混合气过稀导致，应主要检查致使混合气过稀的原因。此外，还应检查排气系统的密封性及二次空气喷射控制系统的工作状况。

(1) 进气管道或真空管泄漏。

(2) 相关传感器或控制单元有故障。

(3) 燃油压力过低或喷油器堵塞。

(4) 排气系统故障泄漏。

(5) 二次空气喷射控制系统非正常运转。

2.13 离合器常见故障原因分析

1. 离合器打滑

(1) 故障现象

① 当汽车起步时，离合器踏板完全放松后，离合器不能完全传递转矩，发动机的动力不能全部输出，造成起步困难。

② 汽车重载、爬坡或行驶阻力大时，由于摩擦产生极高热能而烧毁摩擦片。

③ 汽车在行驶中车速不能随发动机转速提高而迅速提高，即加速性能差。

(2) 故障原因

导致离合器出现打滑现象的根本原因是：离合器摩擦片表面急速恶化以及压紧力下降，使摩擦系数变小，从而导致摩擦力矩减小。其具体原因如下。

① 离合器盖与飞轮的固定螺栓旷动，膜片弹簧的弹力减弱，或由于高温退火、折断、疲劳等原因而使弹簧弹力减小，导致压盘上的压力降低。

② 离合器踏板自由行程缩短，当摩擦片略有磨损，使膜片弹簧在分离轴承作用下，致使压盘处于半分离状态。

③ 离合器压盘和从动盘变形或磨损变薄。

④ 摩擦片表面有油污、老化变质或高温烧毁；摩擦片磨损过甚变薄，铆钉外露。

⑤ 分离轴承与分离套筒故障，导致运动不自如。

2. 离合器分离不彻底

(1) 故障现象

发动机在怠速过程中，将进行挂挡操作时，即使离合器踏板完全踏到底，挂挡依然困难，并有变速器齿轮撞击声；若勉强挂上挡后，离合器踏板还未抬起，汽车就冲撞启动或发动机熄火；行驶时难以换挡，且变速器齿轮产生撞击声。

(2) 故障原因

① 分离叉支点或分离轴承磨损。

② 离合器踏板自由行程变长。

③ 液压系统中油量泄漏导致不充足或混入空气。

④ 分离杠杆内端高度过低或不一致、膜片弹簧分离指弹性衰损产生变形或内端磨损。

⑤ 从动盘正反面装错或新换摩擦片偏厚。

⑥ 从动盘铆钉松脱、摩擦片破裂、钢片变形严重。

⑦ 从动盘毂键槽与变速器第一轴的花键配合过紧或拉毛、锈蚀而发卡。

⑧ 压紧机构中各弹簧弹力不均或少数弹簧折断。

3. 离合器发抖(接合不平顺)

(1) 故障现象

汽车起步时，由于离合器接合不平稳出现振抖，严重时会导致整个车身发生振抖现象。

(2) 故障原因

① 分离杠杆或膜片弹簧分离指内端面高度不一致。

② 飞轮工作面、压盘或从动盘钢片翘曲变形。

③ 压紧弹簧破裂或折断、弹簧弹力不均或衰损、扭转减振弹簧折断或弹簧弹力衰损。

④ 从动盘摩擦片接触不平、表面硬化或粘上胶状物、铆钉松动、露头或折断。

⑤ 发动机前后支架固定螺栓旷动，橡胶变质老化或飞轮、离合器壳或变速器固定螺钉松动。

⑥ 从动盘上花键毂键槽磨损过甚或花键因锈蚀、脏污、滑动不灵活。

⑦ 变速器第一轴弯曲、与发动机曲轴中心线不同心。

⑧ 离合器总成与踏板之间的操纵机构连接松动。

4. 离合器异响

(1) 故障现象

对离合器进行分离或接合操作时，出现异常的响声。

(2) 故障原因

① 离合器踏板没有自由行程，膜片弹簧分离指内端或分离杠杆和分离轴承总是接触。

② 导向轴承或分离轴承未良好润滑、烧毁卡滞或磨损松旷。

③ 离合器踏板回位弹簧过软、折断或脱落。

④ 从动盘扭转减振弹簧折断后，发生扭转振动时，发出振动声。

⑤ 分离套筒回位弹簧偏软、脱落或折断。

⑥ 从动盘毂与变速器输入轴花键磨损严重或从动盘摩擦片破裂损坏、铆钉旷动、露头。

🔍 2.14　手动变速器常见故障原因分析

1. 换挡困难

(1) 故障现象

在进行正常变速操作时，换挡杆不能挂入所需挡位，即使勉强挂上挡但要退出较困难。

(2) 故障原因

① 控制杆变形弯曲或变速杆下端磨损。

② 同步器故障(磨损或损坏)。

③ 拨叉或拨叉轴磨损、松旷、弯曲。

④ 操纵机构中控制连杆机构动作不良。

⑤ 自锁或互锁弹簧过硬、钢球损伤。

⑥ 变速器轴弯曲变形或花键损伤。

2. 变速器跳挡

(1) 故障现象

汽车在不同工况下运作时，变速杆自动跳回空挡位置。

(2) 故障原因

① 变速杆弯曲变形或变速杆调整不良，远程控制杆机构未调整到位或磨损。

② 齿轮或接合套严重磨损，沿齿长方向磨成锥形。

③ 拨叉轴凹槽磨损及拨叉磨损、变形，拨叉轴凹槽位置不正确或轴向自由行程过大。

④ 变速器壳旷动或与离合器壳没安装到位以及变速器轴、轴承磨损松旷或轴向间隙过大，造成轴转动时齿轮啮合不足而发生跳动和轴向窜动。

⑤ 自锁弹簧弹力折断或不够，自锁钢球破裂或磨损。

⑥ 同步器磨损或损坏。

3. 变速器乱挡

(1) 故障现象

在离合器能够正常工作的情况下，变速器同时挂上两个挡或虽能挂上挡，但挂入的挡位不满足需要，或者挂入后无法退出。

(2) 故障原因

主要为变速操纵机构失效。

① 拨叉槽、互锁销或互锁球磨损严重或漏装。

② 变速杆球头、球孔磨损、松旷或球头定位销折断、磨损。

③ 变速杆下端工作面或拨叉轴上导块导槽过度磨损。

4. 变速器异响

(1) 故障现象

变速器在工作过程中，发出不正常声响，如内部零件不均匀的碰撞声，金属干摩擦声等。

(2) 故障原因

① 齿轮发响：齿轮磨损损耗，齿侧间隙太大，个别齿损坏折断或齿面疲劳产生金属剥落等；齿轮制造精度差或齿轮副不匹配，维修中未成对更换相啮合的两齿轮；齿轮与轴或轴上花键配合松旷；安装齿轮的轴弯曲等。

② 轴承发响：轴承缺油、疲劳剥落、磨损松旷或轴承滚动体破裂。

③ 操纵机构发响：变速器拨叉变形或磨损旷动，操纵机构各连接处松旷。

④ 其他原因发响：安装变速器与发动机时变速器第一轴轴线与曲轴不同心，或变速器壳体变形；变速器缺油，润滑油过稠、过稀或质量变坏；变速器内某些紧固螺栓松动或掉入异物；壳体轴承孔修复后，轴心发生变动或使两轴线不同心，变速器壳体前端面与第一、二轴心线垂直度或一、二轴与曲轴同轴度超差。

5. 变速器漏油

(1) 故障现象

在变速器壳体外部能看到向外泄漏的变速器油，变速器箱齿轮油减少。

(2) 故障原因

① 变速器壳龟裂或损伤或延伸壳破裂。

② 变速器壳体与盖之间密封垫损坏或安装不良。

③ 齿轮油选择不当或齿轮油过多，产生过多泡沫。

④ 油封磨损、变形或损伤；通气口堵塞、放油螺塞松动。

⑤ 车速表接头锁紧装置松动或破损。

2.15　自动变速器常见故障原因分析

1. 换挡冲击大

(1) 故障现象

在起步或行驶过程中，自动变速器挡位进行升挡的瞬间可以明显感到车辆有抖动感、冲击感。

(2) 故障原因

① 发动机的怠速过高。

② 节气门拉索调整不当。

③ 自动变速器中各种阀体(电磁阀、主油压调节阀、单向阀、换挡阀)工作状况不良。

④ 蓄压器不良(如活塞卡住，而使换挡瞬间油压过高导致换挡冲击。而密封圈泄漏，热车后油液黏度下降，造成活塞运行速度加快，出现换挡冲击)。

⑤ 换挡执行元件打滑。

⑥ 节气门位置传感器无法正常工作。

⑦ ECU故障。

2. 升挡不顺畅

(1) 故障现象

在汽车行驶过程中，驾驶员必须提前松开油门踏板，才能使自动变速器顺利升入高挡位，否则升挡操作无法顺利完成。

(2) 故障原因

① 节气门拉索或节气门阀推杆(真空式)技术状况不佳。

② 传感器(节气门位置传感器、车速传感器)无法正常工作。

③ 各阀体(速控阀、油压电磁阀、主油路油压调节阀)发生故障。

④ ECU故障。

3. 发动机怠速熄火

(1) 故障现象

车辆起步时，驾驶员将换挡杆由N或P位挂入D或R位时，发动机会立即熄火；在车辆正常行驶过程中(前进或倒车)，驾驶员停车时，发动机立即熄火。

(2) 故障原因

① 发动机的怠速过低。

② 自动变速器中的阀体(锁止电磁阀、锁止控制阀)无法正常工作。

③ 自动变速器挡位开关接触不佳。

④ 变速器输入轴转速传感器不良。

4. 变速器打滑

(1) 故障现象

车辆在行驶过程中，驾驶员踩下油门踏板时发现车速变化不明显，但仪表盘中显示的发动机转速却迅速上升，尤其在上坡过程中感到车辆爬坡无力。

(2) 故障原因

① 变速器油量较少、油泵无法正常工作或变速器油泄漏导致主油路油压较低。

② 离合器磨损严重或损坏导致动力无法传递。

③ 单向离合器打滑。

5. 超速挡失效

(1) 故障现象

汽车在正常行驶中，虽然仪表板上显示车速已满足超速挡要求，但无论如何操作自动变速器都无法升入超速挡。

(2) 故障原因

① 传感器(变速器油温传感器、节气门位置传感器)无法正常工作。

② 超速电磁阀或超速挡开关不良。

③ 超速挡制动器打滑。

④ 超速行星排的直接离合器或单向离合器卡死。

⑤ 挡位开关不良。

⑥ 3～4换挡阀卡滞。

⑦ ECU故障。

6. 不能升挡

(1) 故障现象

汽车在正常行驶过程中，自动变速器一直保持在1挡，无法升入2挡，或虽能升入2挡，但无法继续升挡。

(2) 故障原因

① 节气门拉索调整不当。

② 传感器(节气门位置传感器、车速传感器)无法正常工作。

③ 阀体(速控阀、换挡阀)故障。

④ 主油路泄漏导致油压过低。

⑤ 2挡制动器或高挡离合器有故障。

⑥ 挡位开关不良。

⑦ 换挡执行元件打滑。

⑧ ECU故障。

7. 前进挡失效

(1) 故障现象

操纵手柄置于D位时无法起步，在2(S)或L位时则可以起步，倒挡也可以使用。

(2) 故障原因

① 前进挡离合器或单向离合器装反或打滑导致动力无法继续传递。

② 前进挡离合器控制油路发生泄漏导致油压较低。

③ 换挡杆位置调整不当。

8. 倒挡失效

(1) 故障现象

汽车在其他挡位时行驶正常，但挂入R挡后车辆无法行驶。

(2) 故障原因

① 倒挡制动器、离合器打滑。

② 倒挡控制油路发生泄漏导致油压较低。

③ 换挡杆位置调整不当。

9. 不能强制降挡

(1) 故障现象

当换挡杆处于高挡位行驶时，驾驶员突然将加速踏板踩到底但自动变速器仍处于高挡位无法降挡。

(2) 故障原因

① 节气门拉索调整不当。

② 节气门位置传感器失效。

③ 强制降挡电磁阀、控制阀无法正常工作。

④ 强制降挡开关位置不当或接触不良。

10. 频繁跳挡

(1) 故障现象

汽车在正常行驶过程中，驾驶员未踩油门踏板，但时常发生自动换挡，同时发动机转速异常升高，换挡瞬间驾驶员会有明显的冲击感。

(2) 故障原因

① 传感器(节气门位置传感器、车速传感器)无法正常工作。

② 换挡电磁阀线路发生短接等不良现象。

③ ECU故障。

11. 汽车无法行驶

(1) 故障现象

无论驾驶员将换挡杆置于D挡还是R挡，车辆都无法行驶，尤其在热车启动的情况下。

(2) 故障原因

① 变速器油油量较少。

② 油泵失效或油泵滤清器堵塞。

③ 液压控制系统中的主油路或主油路油压调节阀有堵塞。

④ 连接换挡杆与手动阀的部件损坏，手动阀始终置于N挡或P挡。

⑤ 变速器或者变矩器损坏导致动力无法继续传递。

12. 变速器油易变质

(1) 故障现象

驾驶员更换新的变速器油后，在很短的时间内就会发现变速器油变质，可以闻到明显的焦味，甚至可以从加油口看到变速器油冒烟。

(2) 故障原因

① 驾驶员操作不当，经常高速高负荷行驶导致变速器油油温过高。

② 未按要求使用合格的变速器油。

③ 变速器油散热器失效。

④ 变速器油发生泄漏或油量较少导致油压过低，使得离合器和制动器在工作时打滑生热。

⑤ 变速器中离合器或制动器的间隙过小，即使在不工作时也会导致摩擦生热。

13. 无发动机制动作用

(1) 故障现象

在汽车行驶过程中，自动变速器选挡杆在2(S)或L位时，松开油门踏板，仪表盘上显示发动机转速正常降至怠速，但车速变化不大，尤其在下坡时，车速基本不变。

(2) 故障原因

① 挡位开关位置调整不当。

② 发动机制动控制电磁阀不良。

③ 自动变速器选挡杆位置不当。

④ 2挡滑行制动器打滑或低、倒挡制动器打滑。

⑤ 自动变速器阀体有故障。

⑥ 自动变速器有故障(打滑)。

⑦ ECU故障。

2.16　万向传动装置常见故障原因分析

万向传动装置常见的故障有异响和振动两类。

2.16.1　异响类故障原因分析

1. 故障现象

(1) 万向节、传动轴异响

在汽车起步或者车速突变的情况下,车辆发出明显的"吭吭"声;在发动机转速较低时可以听到"呱当"的异响。

(2) 中间支承松旷导致的异响

当汽车在正常工况下运行时会持续产生一种"呜呜"的响声,同时这种响声会随着转速的增加而增大。

2. 故障原因

(1) 万向节、传动轴异响

① 万向节、传动轴中的部分部件磨损严重造成松旷,如:万向节轴承、十字轴、伸缩叉、凸缘盘连接螺栓等。

② 万向节主、从动部分游动角度不当。

(2) 中间支承松旷导致的异响

① 橡胶圆环损坏。

② 中间支承由于安装问题导致磨损或松动现象。

③ 滚动轴承缺油烧蚀或磨损严重。

④ 车架变形导致的磨损。

2.16.2　振动类故障原因分析

1. 故障现象

在排除了万向节和伸缩叉本身性能后，汽车在行驶过程中仍会发出异响，该异响呈周期性变化，并且随着速度的增加响声增大，严重时还会造成车身抖动，手握在转向盘上有明显的麻木感。

2. 故障原因

(1) 伸缩叉安装位置不当，导致传动异常。

(2) 传动轴管与万向节之间焊接不正。

(3) 传动轴弯曲或传动轴管凹陷、传动轴上的平衡块脱落。

(4) 固定螺栓或者连接螺栓松动导致传动轴倾斜。

(5) 传动轴未进行过动平衡试验和校准。

2.17　驱动桥常见故障原因分析

1. 异响类故障原因分析

(1) 故障现象

当发动机在正常工况下运行时，驱动桥异响多发生在驱动、转弯、滑行的情况下。

(2) 故障原因

① 齿轮油油量过少，油内掺杂各种金属脱落物导致油质不佳。

② 驱动桥中的部件配合不当，如：差速器壳与行星齿轮轴之间配合间隙过大、行星齿轮轴与轴孔磨损严重导致配合间隙过大。

③ 主减速器齿轮副故障，如：齿轮磨损严重、啮合面或啮合间隙不当。

④ 驱动桥内轴承损伤、严重磨损松旷或齿轮齿面磨损、点蚀、轮齿变形或折断。

⑤ 半轴齿轮与行星齿轮啮合间隙不当、半轴齿轮与半轴花键配合间隙过大。

2. 漏油类故障原因分析

(1) 故障现象

在驱动桥加油口以及各连接处都可以观察到明显漏油现象。

(2) 故障原因

① 油封失效或者油封与轴颈磨成沟槽。

② 加(放)油口的螺塞磨损或松动导致漏油。

③ 接合面密封失效、表面粗糙或变形。

④ 壳体本身存在铸造缺陷。

3. 过热类故障原因分析

(1) 故障现象

在车辆运行一段时间后，驱动桥壳中部或主减速器壳体温度过高，有灼热感。

(2) 故障原因

① 齿轮油油品不佳、油量过少或未按规定使用齿轮油。

② 油封过紧或各运动副、轴承润滑不良而产生干(或半干)摩擦。

③ 轴承预紧度过大或齿轮啮合间隙过小；止推垫片与齿轮背隙过小。

🔍 2.18　悬架系统常见故障原因分析

2.18.1　非独立悬架系统故障原因分析

1. 车身倾斜和行驶跑偏

(1) 现象

汽车正常放置在平地上，车身自动产生横向或纵向的歪斜，在行驶过程中方向跑偏严重。

(2) 原因

① 弹簧刚度不一致。

② 弹簧弹力下降。

③ 钢板弹簧、螺旋弹簧断裂；当前钢板弹簧一侧主片折断时，车身发生横向歪斜；当后钢板弹簧一侧主片折断时，车身发生纵向歪斜。

④ U形螺栓松动或折断等。

2. 异响

(1) 现象

在车辆行驶过程中悬架处产生异响，尤其在路面不平、紧急制动、转弯角度大时异响明显。

(2) 原因

① 减振器内润滑油油量不足。

② 铰链点磨损、老化或损坏。

③ 连接部位脱落或橡胶隔套损坏。

④ 活塞与缸筒磨损，配合松旷。

⑤ 弹簧折断等。

2.18.2 独立悬架系统故障原因分析

独立悬架系统中铰接点较多,其常见故障分析如下。

1. 故障现象

(1) 异响,尤其在颠簸路面上转弯时。

(2) 轮胎异常磨损。

(3) 前轮定位参数改变。

(4) 车身倾斜,汽车在转弯时车身过度倾斜等。

(5) 车辆摆振及行驶不稳。

2. 故障原因

(1) 稳定杆变形。

(2) 螺旋弹簧弹力不足。

(3) 连接部位脱落或橡胶隔套损坏。

(4) 上、下摆臂变形。

(5) 各铰接点磨损、松旷。

2.19 转向系统常见故障原因分析

机械转向系统常见故障类型如下。

1. 转向沉重

汽车在行驶过程中,尤其在低速转弯和调头时,驾驶员转动方向盘时感到沉重费劲、无回正感。

原因:

① 向器轴承装配间隙、传动副啮合间隙、横、直拉杆球头销装配间隙过小。

② 轮胎气压不足或前束调整不当。

③ 转向系统中润滑油不足。

④ 横、直拉杆球头接头缺油。

⑤ 转向轴或柱管弯曲，互相摩擦或卡住。

⑥ 转向节主销与衬套配合过紧。

2. 转向不稳

原因：

① 转向器轴承过松。

② 传动副啮合间隙过大。

③ 前轴弯曲。

④ 转向节主销与衬套磨损严重，配合间隙过大。

⑤ 前轮毂轴承松旷。

⑥ 横、直拉杆球头销磨损严重。

⑦ 车架和轮辋变形。

⑧ 前束过大。

3. 车轮回正不良

(1) 故障原因

① 前轮定位失准。

② 转向车轮轮胎气压不足。

③ 转向器齿轮调整不良或损坏。

(2) 故障诊断

① 重新进行前轮定位。

② 根据规定给轮胎充气。

③ 检查更换转向器齿轮。

4. 单边转向不足

原因：

① 转向摇臂在转向摇臂轴上装配位置不合适。

② 直拉杆发生形变。

③ 前钢板弹簧螺栓松动或折断。

④ 有一边前轮转向角限位螺钉过长。

⑤ 中心不对称的前钢板弹簧前后装反。

5. 转向盘自由转动量过大

汽车保持直线行驶位置或静止不动时，转向盘不稳，发生自动偏转且角度过大。造成该故障的原因如下。

① 转向器内主、从动部位啮合间隙过大或轴承磨损松旷。

② 转向摇臂与转向摇臂轴连接松旷。

③ 转向盘与转向轴连接部位松旷。

④ 直、横拉杆臂与转向节连接松旷。

⑤ 直、横拉杆球头连接部位松旷。

⑥ 转向节、主销与衬套磨损后松旷。

⑦ 车轮轮毂轴承间隙过大。

液压动力转向系统是由机械转向器与液压助力器构成的。动力转向系统的故障，是指常见液压传动部分的泄漏、渗进空气、油泵工作不良、转向控制阀失效等引起的转向沉重、跑偏以及其他现象。

6. 转向沉重

原因：

① 油箱缺油或油液高度不足或滤清器堵塞。

② 动力缸或转向控制阀密封圈损坏。

③ 油泵磨损，驱动带打滑。

④ 回路中有残余空气。

⑤ 安全阀失效，弹簧弹力不足或调整不当。

⑥ 各油管接头泄漏。

7. 汽车直线行驶时，方向盘发飘或行驶跑偏

原因：

① 因油液脏污使滑阀运动受到阻滞。

② 转向控制阀回位弹簧弹力不足或失效。

③ 流量控制阀失效导致动力缸左、右腔压力差过大。

④ 由于滑阀与阀体台阶位置偏移使滑阀不在中间位置。

8. 左右转向轻重不同

原因：

① 调整螺母调整不当。

② 滑阀内存在异物导致左右移动时阻力不一致。

③ 转向控制阀的滑阀偏离中间位置，或与阀体台肩的间隙大小不一致。

9. 快速转向时感到转向盘沉重

原因：

① 油泵传动带打滑。

② 油泵磨损过甚。

③ 安全阀、流量控制阀泄漏严重。

④ 流量控制阀弹簧过软。

⑤ 油泵选型不对，使供油不足。

10. 转向时有噪声

原因：

① 油箱中油面过低，油泵在工作时容易吸进空气。

② 各管路接头松动或油管破裂。需更换油管。

③ 油路中存有空气，或油泵传动带过松。

④ 油泵损坏或磨损严重。需更换动力转向装置。

⑤ 滤油器滤网堵塞，或因其破裂造成油管堵塞。需更换滤清器。

2.20 制动系统常见故障原因分析

1. 制动失效

(1) 故障现象

汽车在行驶过程中踩下制动踏板或使用手刹都无法降低车速。

(2) 故障原因

① 制动油管破裂或接头漏油。

② 制动主缸或轮缸内皮碗破损或踏翻。

③ 制动主缸(总泵)内无制动油液或缺少制动油液。

④ 某机械连接部位脱开。

2. 制动反应迟缓

(1) 故障现象

在行驶过程中,踩下汽车制动踏板,车速变化慢,即使踩到底都无法立即停车,制动距离较长。

(2) 故障原因

① 制动鼓磨损变形或表面不平整。

② 制动鼓与制动蹄接触面积过小。

③ 制动主缸油液不足或油品不佳、主缸阀门损坏;活塞与缸壁磨损严重、配合间隙过大;补偿孔和旁通孔堵塞。

④ 制动鼓摩擦片表面有异物或铆钉外露。

⑤ 制动管路密封失效,有空气进入管路。

3. 制动跑偏

(1) 故障现象

汽车制动时,在同一时间左、右车轮受到的制动力不相等,导致汽车在制动时发生跑偏,甚至在紧急制动时还可能会发生扎头或甩尾。

(2) 故障原因

① 左、右制动器技术状况不一致，如制动鼓内径、回位弹簧拉力、制动间隙、接触面积、摩擦片性质等不一致。

② 左、右轮胎胎压不一样。

③ 车架变形；前轴外移；前、后轴不平行；两前钢板弹簧弹力不一样。

④ 个别车轮上的制动器异常。

4. 制动拖滞

(1) 故障现象

在汽车行驶过程中，当驾驶员没有对制动踏板施加任何作用力时，仍有车轮在进行制动，同时会导致车辆难以起步，在正常行驶时行驶阻力增大、油耗量增大、制动鼓发热。

(2) 故障原因

① 踏板回位卡滞或回位弹簧过软、折断。

② 制动踏板自由行程过短或者没有自由行程。

③ 主缸活塞回位弹簧失效。

④ 主缸或制动轮缸活塞不能正常工作。

⑤ 制动管路在外力作用下发生凹瘪、管路内部堵塞。

⑥ 制动蹄回位弹簧无法正常工作。

⑦ 制动油变质、黏度过大。

⑧ 制动蹄在支承销上不能自由转动。

5. 真空增压装置增压后高压油压力不足

(1) 故障现象

踩下制动踏板，制动效果不佳，踩在制动踏板上的脚感觉不到明显的反作用力。当旋开任何一个车轮的放气螺塞时，喷出的制动油液较少且流动速度缓慢。

(2) 故障原因

① 辅助缸皮碗处密封失效。

② 制动主缸连接处漏油，或油道有渗漏。

③ 辅助缸活塞磨损过甚，配合松旷或油路有堵塞。

④ 辅助缸活塞出油单向阀座产生锈蚀、麻点过大而密封不严。

⑤ 加力推杆双口密封不严导致低压油进入真空腔。

6. 制动噪声

(1) 故障现象

正常制动时，车辆会发出"哽哽"的异响。

(2) 故障原因

① 制动蹄摩擦片磨损过度、松动或回位弹簧折断。

② 制动盘或制动鼓表面不平整、有裂纹。

③ 摩擦片硬化或破裂。

④ 制动盘表面铁锈过多。

⑤ 制动蹄弯曲、变形或破碎。

⑥ 制动卡钳有毛刺或生锈。

7. 制动踏板脉动

行车制动时，制动踏板会产生周期性跳动。当车辆出现制动力不足和制动跑偏时，可能会产生制动踏板脉动。其主要原因是制动盘摆动、制动鼓安装位置不当或制动底板摆动。

8. 制动油液泄漏

制动油液泄漏会造成严重的安全隐患。制动系统泄漏的主要部位有：制动管路连接处的泄漏，制动主缸的泄漏，油管破裂处的泄漏，轮缸处的泄漏，密封件部位处的泄漏等。

第2部分
汽车"三包"规定解读与问答

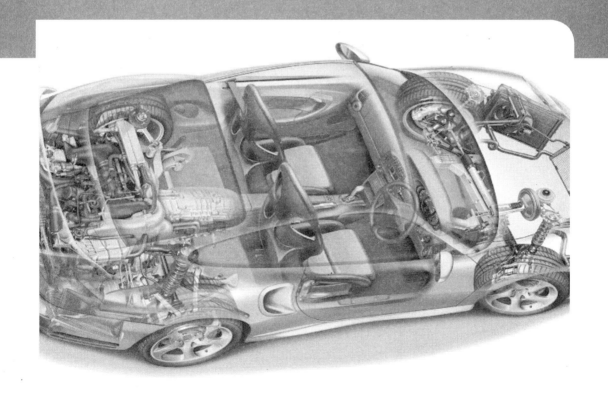

第3章 汽车"三包"规定解读及常见问题解答

3.1 汽车"三包"规定解读

    汽车"三包"规定合计九章四十八条，是一部家用汽车的产品质量"修""换""退"的部门规章制度，依据内容概括为：总则，主要对立法目的、适用产品范围、三包承诺、三包责任、诚信原则、主管部门、保密义务等方面进行了阐述；生产者义务，主要对出厂检验制度、信息备案义务、随车文件和三包凭证等方面进行了阐述和规定；销售者义务，主要对进货检验制度、家用汽车销售要求进行了规定；修理者义务，主要对修理存档、零件储备、三包零部件、电话咨询和现场服务等方面进行了阐述和规定；三包责任，是该规定的核心，主要对三包期、总成更换条件及易损件、修理时间界定及备用车、退换车、换车条件、被更换汽车的要求、无同款车换车时的汽车退货、退换车证明和登记变更、使用补偿费及税费处理、书面答复要求、三包凭证补办及二手车三包、企业破产变更等方面进行了详细的说明和规定；三包责任免除，主要对易损耗件免责、三包责任免责条款、无有效发票和三包凭证等情况进行了说明和规定；争议处理，主要对处理途径、配合调解、专家库组件和使用、申诉处理、检验和鉴定等问题进行了阐述、说明和规定；罚则，主要对违反备案处罚、违法随车文件和三包凭证处罚、违反销售处罚、修理者违反处罚、未承担三包义务处罚、处罚实施等问题进行了阐述和规定；附则，主要对术语定义、三包责任、信息与专家库管理、上位法、解释权、生效日期等问题进行了说明。

3.1.1 "第一章 总则"解读

    第一条 为了保护家用汽车产品消费者的合法权益，明确家用汽车产品修理、更换、退货(以下简称"三包")责任，根据有关法律法规，制定本规定。

    第二条 在中华人民共和国境内生产、销售的家用汽车产品的三包，适用本规定。

第三条　本规定是家用汽车产品三包责任的基本要求。鼓励家用汽车产品经营者做出更有利于维护消费者合法权益的严于本规定的三包责任承诺；承诺一经做出，应当依法履行。

第四条　本规定所称三包责任由销售者依法承担。销售者依照规定承担三包责任后，属于生产者的责任或者属于其他经营者的责任的，销售者有权向生产者、其他经营者追偿。

家用汽车产品经营者之间可以订立合同约定三包责任的承担，但不得侵害消费者的合法权益，不得免除本规定所规定的三包责任和质量义务。

第五条　家用汽车产品消费者、经营者行使权利、履行义务或承担责任，应当遵循诚实信用原则，不得恶意欺诈。

家用汽车产品经营者不得故意拖延或者无正当理由拒绝消费者提出的符合本规定的三包责任要求。

第六条　国家质量监督检验检疫总局(以下简称"国家质检总局")负责本规定实施的协调指导和监督管理；组织建立家用汽车产品三包信息公开制度，并可以依法委托相关机构建立家用汽车产品三包信息系统，承担有关信息管理等工作。

地方各级质量技术监督部门负责本行政区域内本规定实施的协调指导和监督管理。

第七条　各有关部门、机构及其工作人员对履行规定职责所知悉的商业秘密和个人信息依法负有保密义务。

第一章　总则，共计7条，从本"三包规定"的立法目的、立法意义、立法依据、责任主体、监督管理部门等方面进行简明扼要的概括性阐述。在汽车销量快速增长，汽车商品标的物价值高、专业技术强、产品质量及消费纠纷逐年上升的背景下，国家质检总局起草了《家用汽车产品修理、更换、退货责任规定》，本规定仅适用于"家用汽车产品"，明确了家用汽车产品在质量纠纷中"修理""更换""退货"的具体情形，相对于《中华人民共和国产品质量法》《中华人民共和国消费者权益法》等法律操作性更强，更具有实际操作层面的指导意义。

"家用汽车产品"是指消费者为生活消费需要而购买和使用的乘用车，即排除了以经营盈利为目的的出租车、公务为使用目的的公务接待及通勤等车辆，从车型上也排除了巴士、货车等非乘用车车型。从本规定适用车辆地域范围上来讲，境内生产并在境内销售的家用汽车符合本规定，境外生产境内销售家用汽车也适用本规定。本规定系经营者应该承担三包责任的最基本要求，经营者可以做出高于本规定的更加有利于维护消费者权益的质量服务承诺，但是一经明示，视同三包规定的一部分，必须依法履行。本规定明确了三包责任的主体为家用汽车产品的直接销售者，即谁销售谁负责。直接销售者可以依据相关合同责任规定向第三方责任方追偿，但与消费者无关，不能作为直接销售者侵害消费者合法权益、免除三包规定责任和义务的托词。销售者不得故意拖延或无正当理由拒绝履行三包责任义务。家用汽车的生产者需要对汽车三包的相关事项向国家质检总局平台报备，并将其备案信息向社会公示，具体公示内容也有明确的格式及内容。国家质检总局是本三包规定实施的协调者、监督者、管理者，下属地方各级质量技术监督部门是本级行政区划内的具体协调、监督、管理的落实者，质监部门及其相关工作人员需要对其掌握的生产者、经营者的涉及商业秘密及个人信息资料具有依法保密的法定义务。

3.1.2 "第二章 生产者义务"解读

第八条 生产者应当严格执行出厂检验制度；未经检验合格的家用汽车产品，不得出厂销售。

第九条 生产者应当向国家质检总局备案生产者基本信息、车型信息、约定的销售和修理网点资料、产品使用说明书、三包凭证、维修保养手册、三包责任争议处理和退换车信息等家用汽车产品三包有关信息，并在信息发生变化时及时更新备案。

第十条 家用汽车产品应当具有中文的产品合格证或相关证明以及产品使用说明书、三包凭证、维修保养手册等随车文件。

产品使用说明书应当符合消费品使用说明等国家标准规定的要求。家用汽车产品所具有的使用性能、安全性能在相关标准中没有规定的，其性能指标、工作条件、工作环境等要求应当在产品使用说明书中明示。

三包凭证应当包括以下内容：产品品牌、型号、车辆类型规格、车辆识别代号

(VIN)、生产日期；生产者名称、地址、邮政编码、客服电话；销售者名称、地址、邮政编码、电话等销售网点资料、销售日期；修理者名称、地址、邮政编码、电话等修理网点资料或者相关查询方式；家用汽车产品三包条款、保修期和三包有效期以及按照规定要求应当明示的其他内容。

维修保养手册应当格式规范、内容实用。

随车提供工具、备件等物品的，应附有随车物品清单。

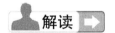

第二章　生产者义务，共计3条，从生产者应该承担的义务与责任阐述，主要是家用汽车产品这个特殊商品在三包规定的产品质量管理、国家质检总局平台规定的产品备案信息内容及格式，备案信息的完整性、准确性、更新及时性等方面进行了细致约定。汽车的生产者必须按照国家产品质量法、企业内部产品质量监控体系对拟出厂的家用汽车产品进行严格的出厂检验制度要求，只有检验合格的家用汽车产品方可出厂销售，相关检验凭证的原始记录在产品质量、安全等发生纠纷时必须完整提供、有据可查。每个新的家用汽车产品上市销售时，生产者有义务第一时间向质检总局报备并向公众公示，有助于消费者在消费购车时参考，并在购车后以此公布的信息参考判断是否发起家用汽车产品的三包合规请求。日后如有汽车产品参数及产品质量承诺备案信息变更，也需及时同步更新。备案信息包含用中文标识的生产者基本信息、车型信息、约定的销售和修理网点资料、产品使用说明书、三包凭证、维修保养手册、产品清单、三包责任争议处理和退换车信息等家用汽车产品三包有关信息。三包凭证的具体要求内容进行了详细罗列。

3.1.3　"第三章　销售者义务"解读

第十一条　销售者应当建立并执行进货检查验收制度，验明家用汽车产品合格证等相关证明和其他标识。

第十二条　销售者销售家用汽车产品，应当符合下列要求：

(一) 向消费者交付合格的家用汽车产品以及发票；

（二）按照随车物品清单等随车文件向消费者交付随车工具、备件等物品；

（三）当面查验家用汽车产品的外观、内饰等现场可查验的质量状况；

（四）明示并交付产品使用说明书、三包凭证、维修保养手册等随车文件；

（五）明示家用汽车产品三包条款、保修期和三包有效期；

（六）明示由生产者约定的修理者名称、地址和联系电话等修理网点资料，但不得限制消费者在上述修理网点中自主选择修理者；

（七）在三包凭证上填写有关销售信息；

（八）提醒消费者阅读安全注意事项、按产品使用说明书的要求进行使用和维护保养。

对于进口家用汽车产品，销售者还应当明示并交付海关出具的货物进口证明和出入境检验检疫机构出具的进口机动车辆检验证明等资料。

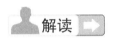 解读

第三章 销售者义务，共计2条，从直接销售者应该承担的义务与责任进行阐述规定，主要分为家用汽车采购检验和销售家用汽车产品时应该履行的事项。进货检查验收是《中华人民共和国产品质量法》中规定的销售者义务，确保销售产品质量可靠，保护自身权益的同时保护消费者合法权益，追溯产品质量、厘清产品质量责任。销售者只有查验合格后的家用汽车产品方可出库销售，相关查验凭证的原始记录在产品质量、安全等发生纠纷时必须完整提供、有据可查。销售者依法需要履行的八项要求概括为：提供产品质量合格的家用汽车产品(合格证、3C质量认证标识等)、依实向消费者出具由税务机关统一印制的《机动车销售统一发票》、提供填写销售信息的三包车辆凭证、随车文件(用户使用说明书、车辆保修手册、车辆交接清单明细、进口汽车的海关证明及检验检疫部门的检验证明等)、现场家用汽车质量及功能查验交接、明示消费者相关车辆说明及三包政策条款、期限、范围等，同时不得限制消费者在生产者签约约定的修理服务网点中自由选择修理服务网点的权利，也就是说消费者可以在销售者之外的生产者约定的其他网点修理。《车辆合格证》《机动车销售统一发票》《进口汽车海关货物进口证明》《进口机动车辆随车检验单等凭证》等关键材料是家用汽车税务机关完税、车辆管理机关办理牌证的法定凭证，应当签字交接、妥善保存。

3.1.4　"第四章　修理者义务"解读

第十三条　修理者应当建立并执行修理记录存档制度。书面修理记录应当一式两份，一份存档，一份提供给消费者。

修理记录内容应当包括送修时间、行驶里程、送修问题、检查结果、修理项目、更换的零部件名称和编号、材料费、工时和工时费、拖运费、提供备用车的信息或者交通费用补偿金额、交车时间、修理者和消费者签名或盖章等。

修理记录应当便于消费者查阅或复制。

第十四条　修理者应当保持修理所需要的零部件的合理储备，确保修理工作的正常进行，避免因缺少零部件而延误修理时间。

第十五条　用于家用汽车产品修理的零部件应当是生产者提供或者认可的合格零部件，且其质量不低于家用汽车产品生产装配线上的产品。

第十六条　在家用汽车产品保修期和三包有效期内，家用汽车产品出现产品质量问题或严重安全性能故障而不能安全行驶或者无法行驶的，应当提供电话咨询修理服务；电话咨询服务无法解决的，应当开展现场修理服务，并承担合理的车辆拖运费。

解读

第四章　修理者义务，共计4条，从修理者应该承担的义务与责任进行阐述规定，主要分为修理记录存档制度、零备件合理库存、零备件产品质量管控、履行修理者应有的三包质量范围内的及时维修及救援义务。维修记录内容也进行了明确的约定，关键要素包含"送修时间""竣工时间""送修里程数"等核心三包评判期限依据参数，对维修的项目及失效原因、损坏部件、维修措施、维修零备件等进行完整如实记录，相关记录便于消费者查阅或者复制留存，便于生产者、销售者、维修者及时掌握家用汽车产品的状态，在发生三包质量争议时给予汽车维修行业主管部门、技术质量监督部门、消费者协会、消费仲裁中心、人民法院等争议争端部门提供判断参考依据。合格的零备件、零备件的合理库存保障家用汽车各种故障情形得到及时修理，减少缺料等待时间，避免给消费者用车权益受损，在进口家用汽车方面显得尤为重要。零备件质量不能低于生产装配线的质量等级监控标准，杜绝假冒伪劣。对于确认为无法行驶或严重影响安全的产品质量故障，需要提供最为基本咨询服务，必要时提供免费现场救援服务，如消费者自身原因的需要承担部分合理费用。

3.1.5　"第五章　三包责任"解读

第十七条　家用汽车产品保修期限不低于3年或者行驶里程60 000千米，以先到者为准；家用汽车产品三包有效期限不低于2年或者行驶里程50 000千米，以先到者为准。家用汽车产品保修期和三包有效期自销售者开具购车发票之日起计算。

第十八条　在家用汽车产品保修期内，家用汽车产品出现产品质量问题，消费者凭三包凭证由修理者免费修理(包括工时费和材料费)。

家用汽车产品自销售者开具购车发票之日起60日内或者行驶里程3 000千米之内(以先到者为准)，发动机、变速器的主要零件出现产品质量问题的，消费者可以选择免费更换发动机、变速器。发动机、变速器的主要零件的种类范围由生产者明示在三包凭证上，其种类范围应当符合国家相关标准或规定，具体要求由国家质检总局另行规定。

家用汽车产品的易损耗零部件在其质量保证期内出现产品质量问题的，消费者可以选择免费更换易损耗零部件。易损耗零部件的种类范围及其质量保证期由生产者明示在三包凭证上。生产者明示的易损耗零部件的种类范围应当符合国家相关标准或规定，具体要求由国家质检总局另行规定。

第十九条　在家用汽车产品保修期内，因产品质量问题每次修理时间(包括等待修理备用件时间)超过5日的，应当为消费者提供备用车，或者给予合理的交通费用补偿。

修理时间自消费者与修理者确定修理之时起，至完成修理之时止。一次修理占用时间不足24小时的，以1日计。

第二十条　在家用汽车产品三包有效期内，符合本规定更换、退货条件的，消费者凭三包凭证、购车发票等由销售者更换、退货。

家用汽车产品自销售者开具购车发票之日起60日内或者行驶里程3 000千米之内(以先到者为准)，家用汽车产品出现转向系统失效、制动系统失效、车身开裂或燃油泄漏，消费者选择更换家用汽车产品或退货的，销售者应当负责免费更换或退货。

在家用汽车产品三包有效期内，发生下列情况之一，消费者选择更换或退货的，销售者应当负责更换或退货：

(一) 因严重安全性能故障累计进行了2次修理，严重安全性能故障仍未排除或者又出现新的严重安全性能故障的；

(二) 发动机、变速器累计更换2次后，或者发动机、变速器的同一主要零件因其质量问题，累计更换2次后，仍不能正常使用的，发动机、变速器与其主要零件更换次数不重复计算；

(三) 转向系统、制动系统、悬架系统、前/后桥、车身的同一主要零件因其质量问题，累计更换2次后，仍不能正常使用的。

转向系统、制动系统、悬架系统、前/后桥、车身的主要零件由生产者明示在三包凭证上，其种类范围应当符合国家相关标准或规定，具体要求由国家质检总局另行规定。

第二十一条　在家用汽车产品三包有效期内，因产品质量问题修理时间累计超过35日的，或者因同一产品质量问题累计修理超过5次的，消费者可以凭三包凭证、购车发票，由销售者负责更换。

下列情形所占用的时间不计入前款规定的修理时间：

(一) 需要根据车辆识别代号(VIN)等定制的防盗系统、全车线束等特殊零部件的运输时间；特殊零部件的种类范围由生产者明示在三包凭证上；

(二) 外出救援路途所占用的时间。

第二十二条　在家用汽车产品三包有效期内，符合更换条件的，销售者应当及时向消费者更换新的合格的同品牌同型号家用汽车产品；无同品牌同型号家用汽车产品更换的，销售者应当及时向消费者更换不低于原车配置的家用汽车产品。

第二十三条　在家用汽车产品三包有效期内，符合更换条件，销售者无同品牌同型号家用汽车产品，也无不低于原车配置的家用汽车产品向消费者更换的，消费者可以选择退货，销售者应当负责为消费者退货。

第二十四条　在家用汽车产品三包有效期内，符合更换条件的，销售者应当自消费者要求换货之日起15个工作日内向消费者出具更换家用汽车产品证明。

在家用汽车产品三包有效期内，符合退货条件的，销售者应当自消费者要求退货之日起15个工作日内向消费者出具退车证明，并负责为消费者按发票价格一次性退清货款。

家用汽车产品更换或退货的，应当按照有关法律法规规定办理车辆登记等相关手续。

第二十五条 按照本规定更换或者退货的，消费者应当支付因使用家用汽车产品所产生的合理使用补偿，销售者依照本规定应当免费更换、退货的除外。

合理使用补偿费用的计算公式为：[(车价款(元)×行驶里程(km))/1 000]×n。使用补偿系数n由生产者根据家用汽车产品使用时间、使用状况等因素在0.5%至0.8%之间确定，并在三包凭证中明示。

家用汽车产品更换或者退货的，发生的税费按照国家有关规定执行。

第二十六条 在家用汽车产品三包有效期内，消费者书面要求更换、退货的，销售者应当自收到消费者书面要求更换、退货之日起10个工作日内，作出书面答复。逾期未答复或者未按本规定负责更换、退货的，视为故意拖延或者无正当理由拒绝。

第二十七条 消费者遗失家用汽车产品三包凭证的，销售者、生产者应当在接到消费者申请后10个工作日内予以补办。消费者向销售者、生产者申请补办三包凭证后，可以依照本规定继续享有相应权利。

按照本规定更换家用汽车产品后，销售者、生产者应当向消费者提供新的三包凭证，家用汽车产品保修期和三包有效期自更换之日起重新计算。

在家用汽车产品保修期和三包有效期内发生家用汽车产品所有权转移的，三包凭证应当随车转移，三包责任不因汽车所有权转移而改变。

第二十八条 经营者破产、合并、分立、变更的，其三包责任按照有关法律法规的规定执行。

 **解读** ➡

第五章 三包责任，共计12条，是汽车三包规定的核心部分，主要包含"三包"各种期限的认定，"修理""更换""退货"的适用条件罗列，涉及换、退车的补偿规定及补偿标准核算，三包凭证的补办规定，三包车辆过户后三包责任的转移，经营者破产、合并、分立后三包责任主体约定等情况。

根据第十七条的阐述，"2年或者行驶里程50 000千米，以先到者为准"为家用汽车三包有效期,简称"三包期";"3年或者行驶里程60 000千米,以先到者为准"为家用汽车保修期,简称"保修期";根据第二十条的阐述,"60日或者行驶里程3 000千米,以先到者为准"为家用汽车符合更换、退换条件的,消费者凭购车发票、三包有效凭证可以直接选择要求销售者更换、退货家用汽车产品作为第一处理方案,简称"包换、包退期";以上期限的界定,以首次销售的购车发票之日起计算。家用汽车的原厂质保期区别于三包中"保修期、三包期、包换包退期",期限和维修方案不同。原厂保修期一般都大于等于"3年或者行驶里程60 000千米,以先到者为准"的条件,期限有所延长,部分高档车型不限里程数,质保以修复车辆产品的具体失效部件,使其达到家用汽车产品质量性能要求,没有强制退换车的承诺条款。所有期限条款只针对家用汽车这个整体概念,不特指某一个车辆上具体零部件或部件总成。根据第三条的规定,家用汽车产品经营者做出的更利于维护消费者合法权益的高于本规定的三包责任承诺,一经做出应当履行,经营者高于本规定三包有效期承诺视为明示担保,也应依法承担三包责任,比如上汽通用等主机厂已于2013年9月1日起实施品牌车型三包,且部分车型的总成部件保修期高于"3年或者行驶里程60 000千米,以先到者为准"的国家质检总局规定的三包期限。随着使用期限及里程数的推进,退、换车的条件概率逐渐下降,在出"三包期"后的"保修期"内只能免费维修(包含工时费、材料费),不能退换车辆。根据第十八条规定,易损耗零部件的种类范围(比如空气滤清器、空调滤清器、机油滤清器、燃油滤清器、火花塞、制动衬片、离合器片、雨刮片、轮胎、灯泡、蓄电池、遥控器电池、保险丝及继电器等)及其质量保证期由生产者明示在三包凭证上,并符合国家相关标准或规定,具体要求由国家质检总局规定。

在"60日或者行驶里程3 000千米,以先到者为准"的"包退、包换期"内,符合以下特定的4种情形,消费者可以自主选择退货或者更换家用汽车产品:转向系统失效;制动系统失效;车身开裂;燃油泄漏。失效特指因产品质量问题导致的规定功能完全丧失或者主要性能严重下降。

在"2年或者行驶里程50 000千米,以先到者为准"为家用汽车三包有效期,简称"三包期"内,符合以下特定的3种大类,消费者可以自主选择退货或者更换家用汽车产品:

(1) 发动机总成累计更换2次后仍旧不能正常使用的；变速器总成累计更换2次后仍旧不能正常使用的；同一主要零件(发动机或变速器总成内)因其质量问题，累计更换2次后仍旧不能正常使用的。总成和同一主要零件可视为两个没有关联的独立零件，更换次数单独在自行范围内累计；

(2) 转向系统、制动系统、悬架系统、前/后桥、车身的同一主要零件因其质量问题，累计更换2次后，仍不能正常使用的；

(3) 严重安全性能故障累计进行了2次修理，严重安全性能故障仍未排除或者又出现新的严重安全性能故障的；同一主要零件指不可拆卸、不可单独再次分解修理的最小零部件，即最小化售后可提供的备件，比如市面上轿车使用的发电机总成、空调泵总成等。发动机总成的主要零件为：气缸体、气缸盖、凸轮轴、曲轴、气门、活塞、连杆、轴承、活塞销。变速器总成的主要零件为：壳体、齿轮、轴、轴承、离合器、制动器。转向系统总成的主要零件为：转向机总成、转向柱、转向万向节、转向横拉杆、转向节。制动系统总成的主要零件为：制动主缸、轮缸、助力器、制定踏板及其支架。悬架系统总成的主要零件为：控制臂、连杆、弹簧(螺旋弹簧、扭杆弹簧、钢板弹簧、空气弹簧、液压弹簧等)。车桥系统总成的主要零件为：传动轴、半轴、减速器、柱减速器、差速器、桥壳体。车身系统总成的主要零件为：车身骨架、纵梁、横梁、副车架、车门等。

在"2年或者行驶里程50 000千米，以先到者为准"为家用汽车三包有效期，简称"三包期"内，依据第二十三条规定，符合更换家用汽车条件，销售者无同品牌同型号家用汽车产品，也无不低于原车配置的家用汽车产品向消费者更换的，消费者可以选择直接退货，退换责任的主体是销售者，即向消费者销售、交付家用汽车，直接收取货款、开具发票的单位或个人。

在"2年或者行驶里程50 000千米，以先到者为准"为家用汽车三包有效期，简称"三包期"内，根据第二十一的规定：因产品质量问题修理时间累计超过35日的，或者因同一产品质量问题累计修理超过5次的，消费者可以凭三包凭证、购车发票，由销售者负责更换家用汽车，但不能退车。譬如由点火锁芯、钥匙、防盗控制单元构成的防盗系统及全车线束等需要车辆识别代码(如VIN号/发动机号/安全代码/精确追溯代码/激活码等)定制特殊零部件的订货周期不计入35日时限累计统计范围内。外出现场救援的时间受客观因素影响较大，从公平合理的立法角度，也不记入35日时限累计统计范围内。

主要零件、易损耗零部件、特殊零部件的范围在GB/T 29632-2013《家用汽车产品三包主要零件种类范围与三包凭证》明示，严重性安全性能故障在汽车三包专业技术委员会出台的《家用汽车产品严重安全性能故障判断指南》有明细阐述。

在退、换车过程中，根据第二十五条规定，对于消费者实际使用车辆造成车辆价值贬低的情况，参照国际通行做法、借鉴美国的柠檬法的使用补偿计算方法，消费者应当支付因使用家用汽车产品所产生的合理使用补偿，即计算公式为：[(车价款(元)×行驶里程(km))/1 000]×n。举例说明：车辆首次新车销售车价150 000元(发票金额)，行驶里程20 000km，补偿系数0.6%，计算得出的合理使用补偿费用为[150 000×20 000/1 000]×0.6＝18 000元。补偿系数n由生产者根据家用汽车产品使用时间、使用状况等因素在0.5%至0.8%之间确定，并在三包凭证中明示。涉及的登记注册、购置附加税、机动车保险、车船使用税等做相应变更处理，由产品质量引起的销售者依照公安部令第124号《公安部关于修改〈机动车登记规定〉的决定》、2015年2月1日实施的《车辆购置税征收管理办法》等法律一并承担，设计费用可向生产者追偿。

依据第二十六条、第二十七条，三包凭证作为重要凭证要件，消费者在主张三包责任时必须连同购车发票一起出示，如有遗失向销售者提出需要补办申请时10日时限内予以协助补办。更换后的新车车辆保修期和三包期按新车开具的首次购车发票开具之日起重新计算，等同于全新的购车体验。消费者主张三包退换申请意见时，销售者应10日给予明确书面答复，不拖延，不无正当理由拒绝。如果在三包期限内，家用汽车产品所有权发生过户转移的，三包责任随车辆存在依旧有效，受让者依旧可以主张家用汽车产品三包权益。

第二十八条，经营者因为分立、变更的，根据《中华人民共和国公司法》《中华人民共和国消费者权益保护法》等相关法条，权利及义务由后续法人享有和承担。经营者破产的，根据《企业破产法》规定及清偿顺序以公司资产进行清偿。

3.1.6　"第六章　三包责任免除"解读

第二十九条　易损耗零部件超出生产者明示的质量保证期出现产品质量问题

的，经营者可以不承担本规定所规定的家用汽车产品三包责任。

第三十条　在家用汽车产品保修期和三包有效期内，存在下列情形之一的，经营者对所涉及产品质量问题，可以不承担本规定所规定的三包责任。

（一）消费者所购家用汽车产品已被书面告知存在瑕疵的；

（二）家用汽车产品用于出租或者其他营运目的的；

（三）使用说明书中明示不得改装、调整、拆卸，但消费者自行改装、调整、拆卸而造成损坏的；

（四）发生产品质量问题，消费者自行处置不当而造成损坏的；

（五）因消费者未按照使用说明书要求正确使用、维护、修理产品，而造成损坏的；

（六）因不可抗力造成损坏的。

第三十一条　在家用汽车产品保修期和三包有效期内，无有效发票和三包凭证的，经营者可以不承担本规定所规定的三包责任。

 解读

第六章　三包责任免除，共计3条，就三包责任免除条款的几种情形进行罗列阐述，为日常纠纷处理提供参考依据。易损耗零部件超出生产者明示的质量保证期后，即使在2年或50 000千米里程之内经营者也不承担三包责任，消费者如需修理或者更换需要支付相应的费用，经营者另行承诺延长期限的除外，未经生产者明示在三包凭证之外的易损耗零部件也除外。消费者在购车过程中已经明示告知存在瑕疵，消费者在购买之前被告知并且认可的，可以免除经营者的三包责任，但须书面告知并且消费者签字认可，口头协议无效。家用汽车产品的功能属性发生变化，比如用作出租汽车、货运或公司公务经营等，其使用频率及潜在质损风险相对于家庭为生活消费需要而购买用于自用的明显上升，经营者可以免除其三包责任。消费者自主改装、拆卸等行为，改变了车辆的结构和安全风险系数，因该改装引起的损坏，经营者也可以免除三包责任，尤其是家用汽车产品使用说明书、质量保修手册及车辆标识明示的部位或者零部件，改装不仅限于外观装饰件、氙气大灯、倒车雷达、遥控门锁、发动机、音响、悬挂、排气管、模块程序参数修改等。没有因果关系的损害部件或虽然进行的改装但未造成损坏的车辆零部件经营者仍需承担三

包责任。如果经营者在销售交付车辆前自主操作完成的改装、拆卸等行为，不是消费者购买后的自主行为，不论改装是否造成损坏，视同原车部件有经营者承担参与三包责任。在三包期内或原厂质保期内，家用汽车产品的保养维护作业，无论是否在经营者或者生产者授权的单位进行，只要消费者在有国家主管部门行政许可维修资质的单位，按生产者在出厂时的车辆用户手册、保养保修手册规定的说明指导进行维修、维护、修理行为，经营者必须承担三包责任，除非经营者有足够的证据说明消费者未按车辆用户手册、保养保修手册的说明进行例行保养，或者消费者自主保养、维修行为造成车辆损坏存在因果关系。即便消费者自主保养、维修行为造成车辆损坏存在因果关系，非因果关系的车辆其他部件经营者仍需承担三包责任，不能因此扩大至家用汽车产品整体的其他部位或零部件，譬如消费者已使用劣质机油造成发动机损坏，只能免除因机油品质造成的发动机需要润滑的相关摩擦运动部件或由机油作为传动介质的某些关联部件系统的三包责任，经营者不能免除没有因果关联的发动机上其他部件的三包责任，更不能免除发动机系统之外的汽车部件(如变速器、悬挂等)的三包责任。在家用汽车三包期和质保期内发生了产品质量问题，如果消费者有因处置不当原因而造成的家用汽车损坏，比如仪表提示机油压力不足预警，消费者仍强行运行发动机而没有及时关闭，造成发动机产品损坏扩大，即使属于生产者本身的产品质量问题，因消费者的不当行为扩大的产品损失，经营者可以免除该部分的三包责任。自行处置不当一般可以概括为家用汽车运行过程中已经出现警示或明显的异常感官指示，消费者没有及时停止运行或视而不见强制继续运行的行为，消费者没有按产品手册说明进行常规保养、例行常规检查造成家用汽车损坏的行为，消费者在产品出现质量问题时没有及时自主质损的行为等。另外，任何不可抗力，如恶劣天气等原因造成的外部原因，经营者因无法预见、无法避免克服时，经营者也不承担家用汽车的三包责任。消费者出示有效三包凭证和购车原始发票是向经营者主张享受家用汽车三包权利的前提条件，购车发票、三包凭证的遗失需要及时按相关国家规定补办后，按照第五章三包责任的条款主张自己的三包权益，但在三包期内消费者有其他证据足够证明所购车辆属于生产者或经营者销售的产品并符合三包责任条款的，消费者仍旧享有主张三包责任的权利。经营者不论是否为生产者的授权合作单位，消费者都有向符合规定的家用汽车的直接经营者或生产者在三包规定的期限和范围内主张产品质量三包的权利。同时汽车三包的对象是

"家用汽车产品"，不因三包期内的家用汽车的所有权人的变更而丧失，消费者在车辆过户后应及时向生产者或经营者提出变更三包凭证申请。

3.1.7　"第七章　争议的处理"解读

第三十二条　家用汽车产品三包责任发生争议的，消费者可以与经营者协商解决；可以依法向各级消费者权益保护组织等第三方社会中介机构请求调解解决；可以依法向质量技术监督部门等有关行政部门申诉进行处理。

家用汽车产品三包责任争议双方不愿通过协商、调解解决或者协商、调解无法达成一致的，可以根据协议申请仲裁，也可以依法向人民法院起诉。

第三十三条　经营者应当妥善处理消费者对家用汽车产品三包问题的咨询、查询和投诉。

经营者和消费者应积极配合质量技术监督部门等有关行政部门、有关机构等对家用汽车产品三包责任争议的处理。

第三十四条　省级以上质量技术监督部门可以组织建立家用汽车产品三包责任争议处理技术咨询人员库，为争议处理提供技术咨询；经争议双方同意，可以选择技术咨询人员参与争议处理，技术咨询人员咨询费用由双方协商解决。

经营者和消费者应当配合质量技术监督部门家用汽车产品三包责任争议处理技术咨询人员库建设，推荐技术咨询人员，提供必要的技术咨询。

第三十五条　质量技术监督部门处理家用汽车产品三包责任争议，按照产品质量申诉处理有关规定执行。

第三十六条　处理家用汽车产品三包责任争议，需要对相关产品进行检验和鉴定的，按照产品质量仲裁检验和产品质量鉴定有关规定执行。

 解读 ▷

第七章　争议的处理，共计5条，因生产者、经营者、消费者对家用汽车三包规定的在某些具体产品质量纠纷中认知不统一，没有三包条款条例细则可以参考明确的情况下，需要几方本着诚信、实事求是、解决问题的宗旨共同协商解决。处理

纠纷的优先途径主要有生产者/经营者的质量纠纷处理平台、汽车维修行业主管部门或行业协会、各级质量技术监督部门、消费者权益保护组织、仲裁机构，协商调解不成，也可以依法向人民法院提起诉讼。因为汽车是成千上万个零部件组装而成的，专业技术性较强，同时易受到使用条件、操作人员、地域环境等因素的变化而变化、专业专项产品司法鉴定机构缺少等现状，产品发生质量纠纷时需要专业技术指导认定判别是否是家用汽车产品的质量问题、外部不可抗力问题、三包免责范围还是消费者自身问题。经营者和消费者对任何三包纠纷申请均需积极回应消费者的咨询、查询和投诉，积极配合质量技术监督部门等行政管理部门及有关机构的三包责任争议的处理，是经营者和消费者三包规定的法定义务，因为产品信息掌握的不对称性，经营者更应该及时主动全面地回应，积极公开资料，配合双方三包责任纠纷的处理。省级以上的质监部门可以依据2013年7月4日颁布的《家用汽车产品三包信息和争议处理技术咨询人员管理办法》组建家用汽车产品质量三包责任争议处理技术咨询专家库，广泛吸收汽车研发、生产制造、销售经营、售后维修服务、专业水平鉴定机构、行业主管部门、法务工作者等方面的专家形成智囊评审团，给出公正、客观的纠纷处理意见，用最为经济、简便的流程和谐妥善处理纠纷，尽可能避免耗时长、举证难、成本高的法律诉讼程序。各级质量技术监督部门依据第三十五条的规定，按照1998年3月12日颁布的《产品质量申诉处理办法》为法律依据处理三包责任纠纷。根据本章第三十六条，需要家用汽车产品进行检验和鉴定的，三包责任纠纷申诉鉴定的主体、质检机构、仲裁检验机构等按照1999年4月1日颁布的《产品质量仲裁检验和产品质量监督管理办法》为法律依据，处理相关质量仲裁和产品质量鉴定。

3.1.8 "第八章 罚则"解读

第三十七条 违反本规定第九条规定的，予以警告，责令限期改正，处1万元以上3万元以下的罚款。

第三十八条 违反本规定第十条规定，构成有关法律法规规定的违法行为的，依法予以处罚；未构成有关法律法规规定的违法行为的，予以警告，责令限期改正；情节严重的，处1万元以上3万元以下的罚款。

第三十九条 违反本规定第十二条规定，构成有关法律法规规定的违法行为的，依法予以处罚；未构成有关法律法规规定的违法行为的，予以警告，责令限期改正；情节严重的，处3万元以下的罚款。

第四十条 违反本规定第十三条、第十四条、第十五条或第十六条规定的，予以警告，责令限期改正；情节严重的，处3万元以下的罚款。

第四十一条 未按本规定承担三包责任的，责令改正，并依法向社会公布。

第四十二条 本规定所规定的行政处罚，由县级以上质量技术监督部门等部门在职权范围内依法实施，并将违法行为记入质量信用档案。

第八章 罚则，共计6条，主要为法律条文的罚则部分，详细阐述了经营者违反本家用汽车三包规定所有承担的法律责任。第三十七条、第三十八条分别就第二章生产者义务章节的第九条、第十条的规定论述，是对生产者的违规惩戒。对第三十九条对应第三章销售者义务章节的第十一条、第十二条，是对销售者的违规惩戒，第四十条对应第四章第十三条、第十四条、第十五条、第十六条规定，是对修理者的违规惩戒。生产者主要从准确真实的信息备案及备案更新的及时性为考量依据；销售者作为家用汽车三包规定的主要责任主体，主要从销售家用汽车产品及以后三包期内应当承担的责任为主要考量依据。第四十一条规定经营者(销售者和修理者)有承担三包责任并向社会公布的法定义务。第四十二条赋予质量技术监督部门职权范围内执法管辖权，并将经营者的违法行为记入质量信用档案的权限，为政府有关部门在行政审批、日常监管、周期性检查等工作中提供判断裁量参考。依据《中华人民共和国行政处罚法》《质量技术监督行政处罚程序规定》等规定，县级以上质量技术监督部门才具有行政处罚管辖权。罚则分为两个等级，质量技术监督部门依据《质量监督检验检疫行政处罚裁量权适用规则》规定，按严重程度处罚分别为：未构成有关法律法规规定的违法行为的，予以警告，责令限期改正；情节严重的，处3万元以下的罚款。

3.1.9 "第九章 附则"解读

第四十三条 本规定下列用语的含义：

家用汽车产品，是指消费者为生活消费需要而购买和使用的乘用车。

乘用车，是指相关国家标准规定的除专用乘用车之外的乘用车。

生产者，是指在中华人民共和国境内依法设立的生产家用汽车产品并以其名义颁发产品合格证的单位。从中华人民共和国境外进口家用汽车产品到境内销售的单位视同生产者。

销售者，是指以自己的名义向消费者直接销售、交付家用汽车产品并收取货款、开具发票的单位或者个人。

修理者，是指与生产者或销售者订立代理修理合同，依照约定为消费者提供家用汽车产品修理服务的单位或者个人。

经营者，包括生产者、销售者、向销售者提供产品的其他销售者、修理者等。

产品质量问题，是指家用汽车产品出现影响正常使用、无法正常使用或者产品质量与法规、标准、企业明示的质量状况不符合的情况。

严重安全性能故障，是指家用汽车产品存在危及人身、财产安全的产品质量问题，致使消费者无法安全使用家用汽车产品，包括出现安全装置不能起到应有的保护作用或者存在起火等危险情况。

第四十四条 按照本规定更换、退货的家用汽车产品再次销售的，应当经检验合格并明示该车是"三包换退车"以及更换、退货的原因。

"三包换退车"的三包责任按合同约定执行。

第四十五条 本规定涉及的有关信息系统以及信息公开和管理、生产者信息备案、三包责任争议处理技术咨询人员库管理等具体要求由国家质检总局另行规定。

第四十六条 有关法律、行政法规对家用汽车产品的修理、更换、退货等另有规定的，从其规定。

第四十七条 本规定由国家质量监督检验检疫总局负责解释。

第四十八条 本规定自2013年10月1日起施行。

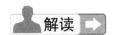 解读

第九章 附则，共计6条，主要为家用汽车三包规定的术语定义阐述及本三包规定的法律效应。本规定正式实施时间为2013年10月1日，对于实施之前购买的家

用汽车产品采取不溯既往的原则。本规定依据《规章制定程序条例》由国家质量监督检验检疫总局负责起草并负责解释，在效力等级上法律、行政法规，属于部门规章，第四十六条有"从其规定"的阐述，起上位法为《产品质量法》《消费者权益保护法》《合同法》。经营者明示提前实施的，视为以有利于消费者的起始生效日期为准。国家质检总局是家用汽车三包规定附属规定条例的起草制定者。对"产品质量问题""严重安全性能故障"两个关键性影响评判的术语进行了精确定义，即："对产品质量问题"，指家用汽车产品出现影响正常使用、无法正常使用或者产品质量与法规、标准、企业明示的质量状况不符合的情况；"严重安全性能故障"，指家用汽车产品存在危及人身、财产安全的产品质量问题，致使消费者无法安全使用家用汽车产品，包括出现安全装置不能起到应有的保护作用或者存在起火等危险情况，具有故障突发性、危险不可控性、后果严重性的特征，主要概括为制动失效、转向失效、动力失控、安全装置失效、车辆火灾、车辆姿态失控、视野丧失等情形，具体标准参照《严重安全性能故障判断指南》的规范、指导。

3.2　汽车"三包"常见问题解答

1. 汽车三包和汽车召回的区别有哪些?

(1) 共性：强化生产经营者的主体责任、促进提升汽车产品质量，保护消费者的合法权益，都是汽车产品后市场管理制度的组成部分，在实施过程中提供免费服务。

(2) 差异性：召回针对所有车主，不仅限于家用汽车，在期限上不受时间和里程数的约束，解决的是普遍性、安全性的产品质量问题，预防缺陷产品产生人身伤害和重大财产损失，维护公众安全为目的，主体责任为生产者。三包主要针对个案性产品质量问题，主体责任为销售者，三包期以2年或50 000千米(以先到者为准)为限，保修期以3年或60 000千米(以先到者为准)为限。销售者按合同约定可以向生产者进行追偿。

(3) 解决的程序和方式也有区别，召回需向国家缺陷产品管理中心备案召回计划后，向社会公布召回信息，按计划实施召回，通知至每一个缺陷汽车的车主回厂免费修理，并定期向主管部门提交阶段性报告说明。汽车三包主要根据故障问题的具体情况，采取修理、更换退货的维修方案处理，属于个案协商解决，协商不成到法院起诉解决。

2. 家用汽车三包规定和消费者权益保护法的区别有哪些?

(1) 消费者权益保护法是法律，汽车三包规定是部门规章，法律效力消费者权益法大于汽车三包规定，消费者权益保护法是上位法。

(2) 消费者权益保护法是市场监督管理局(工商局)下属消费者协会是职能管理监督部门，汽车三包规定是质量技术监督部门负责监督执行部门。

(3) 汽车消费只是消费者正常消费领域的细分单列项。

(4) 汽车三包规定只限于产品质量而引起的消费纠纷，形式及内容上是一个具体的操作指导手册，消费者权益法更加侧重公平、公正、合理的维护消费者合法权益角度，不仅限于产品质量，还有服务质量等范围领域。

3. 汽车产品质量纠纷处理申诉的途径有哪些?

根据汽车三包规定第七章第三十二条"家用汽车产品三包责任发生争议的，消费者可以与经营者协商解决；可以依法向各级消费者权益保护组织等第三方社会中介机构请求调解解决；可以依法向质量技术监督部门等有关行政部门申诉进行处理。家用汽车产品三包责任争议双方不愿通过协商、调解解决或者协商、调解无法达成一致的，可以根据协议申请仲裁，也可以依法向人民法院起诉"，汽车产品质量纠纷处理申诉的途径有:

(1) 消费者可以直接向销售者、修理者申诉处理；

(2) 根据消费者权益法，消费者可以通过拨打12315申诉举报中心的电话寻求帮助；

(3) 通过12365质量监督举报专线向质量技术监督部门等有关行政部门申诉；

(4) 通过汽车维修行业主管部门或行业协会的协调申诉处理；

(5) 通过仲裁中心协助调解仲裁；

(6) 多方协商不成，向人民法院提起诉讼。

4. 汽车"三包"指哪三包?

包括汽车产品的修理、更换、退货3个方面。

5. 家用汽车产品是指零部件还是整车?

家用汽车产品是指整车。

6. 家用汽车是指小轿车吗?

家用汽车特指消费者为生活消费需求而购买和使用的乘用车,其属性为家用,不能为出租或公务使用,也不能货运。小轿车是其中的一种。

7. 注册登记在公司名下的家庭私用汽车,是否使用家用汽车三包管理规定?

不适用,规定必须是家用的汽车。

8. 三包期内必须在授权服务中心维护修理才能享受汽车三包吗?

不一定,消费者可以自由选择,但须保证按汽车使用说明书等随车文件约定的技术要求和保养周期进行维护,委托的维修单位需持有合法资质和技术能力,所有维修单据规范完整。

9. 某进口汽车国内销售商在购车过程中与消费者签订给予购车优惠使其自愿放弃汽车三包权利的合同,日后三包期内还能主张自己的三包权利吗?

经营者和消费者双方的约定不能违背法律、法规的规定,因违反《消费者权益保护法》,约定无效,销售者仍需按照汽车三包规定履行三包责任。

10. 车辆保修期内,维修车辆全部免费吗?

保修期内属于产品质量问题,才能由修理者免费维修,人为因素和免责条款规定的情形除外。

11. 购买1个月不到、里程数800千米的新车气门饰盖垫渗油,能主张更换发动机总成吗?

根据三包规定第十八条第二款:家用汽车产品自销售者开具购车发票之日起60

日内或者行驶里程3 000千米之内(以先到者为准),发动机、变速器的主要零件出现产品质量问题的,消费者可以选择免费更换发动机、变速器。发动机、变速器的主要零件的种类范围由生产者明示在三包凭证上,其种类范围应当符合国家相关标准或规定,具体要求由国家质检总局另行规定。气门室盖垫不属于发动机主要零件,消费者不能直接主张更换发动机总成。

12. 滴滴快车在三包期内,可以免费维修吗?

滴滴快车已经属于以营运为目的的车辆,即便为私人注册登记的乘用车,也不能适用家用汽车产品三包规定。

13. 为什么因产品质量问题,不是消费者自身原因的退换车还需向销售商缴纳一定金额的补偿费呢?

补偿费不等同于折旧费,由于用户实际使用造成车辆价值降低而进行的适当补偿,是国际通行做法。目前三包规定的合理使用补偿费用的计算公式为:[(车价款(元)×行驶里程(km))/1 000]×n。使用补偿系数n由生产者根据家用汽车产品使用时间、使用状况等因素在0.5%至0.8%之间确定,并在三包凭证中明示。

14. 三包规定的保修期和家用汽车生产者承诺的保修期是一样的吗?

不一样。三包保修期为购车发票之日起3年内或者行驶里程60 000千米之内(以先到者为准),而汽车原厂的保修期一般大于等于三包保修期,大多数高档车不限千米数,每个主机厂保修期规定自行制定。

15. 2013年9月30日开票购买的家用汽车在10月2日出现产品质量问题无法行驶,适用家用汽车三包规定吗?

根据三包规定第四十八条,2013年10月1日起实施,9月30日开票的不能适用本规定,可以适用汽车原厂质保保修期规定。如销售者在购车过程中已经承诺的,依据三包规定第三条"本规定是家用汽车产品三包责任的基本要求。鼓励家用汽车产品经营者做出更有利于维护消费者合法权益的严于本规定的三包责任承诺;承诺一经做出,应当依法履行"的规定,虽然购车发票为9月30日,但仍可适用汽车三包规定。

16. 跨省购买的家用汽车可以要求本品牌的本地汽车授权代理销售商履行三包义务吗？

根据三包规定第四条"本规定所称三包责任由销售者依法承担。销售者依照规定承担三包责任后，属于生产者的责任或者属于其他经营者的责任的，销售者有权向生产者、其他经营者追偿"的规定，不可以要求本地授权销售商履行退换车义务，但可以要求本地授权维修服务商履行保修义务。

17. 走私车可以要求该品牌国内授权销售商代为履行汽车三包责任吗？

不可以。依据三包规定第二条"在中华人民共和国境内生产、销售的家用汽车产品的三包，适用本规定"的条款，非正规渠道进入国内的在用车不适用本规定。

18. 三包期内外地出差中车辆因产品质量问题无法行驶需要救援，可以要求销售商现场施救或拖车回销售商处协商解决吗？

不适用汽车三包规定，家用汽车已经用于公务，改变了适用属性，在原厂保修期内要求本品牌最近的授权代理维修商免费现场施救或拖车返厂维修处理。

19. 2015年6月28日购买的新车，2015年8月15日，里程数2 415千米，因变速器异响更换轴承；2016年3月27日，里程数14 673千米，因变速器内部制动器泄压无法换挡进厂再次维修，消费者可以以变速器总成2次出现主要零部件故障主张更换车辆吗？

不可以。依据三包规定第二十条第(二)款"发动机、变速器累计更换2次后，或者发动机、变速器的同一主要零件因其质量问题，累计更换2次后，仍不能正常使用的，发动机、变速器与其主要零件更换次数不重复计算"、第(三)款的"转向系统、制动系统、悬架系统、前/后桥、车身的同一主要零件因其质量问题，累计更换2次后，仍不能正常使用的"规定，强调的是同一主要零件才能适用本规定，制动器和轴承既不是同一主要零件，也没有累计维修2次及以上，故不能按照更换车辆处理。

20. 某进口车辆因防盗阻断器系境外生产商配套供应，因配件缺货订货周期过长累计超过35日未能供货，消费者可以据此要求退、换车吗？

依据汽车三包规定第二十一条第一款"需要根据车辆识别代号(VIN)等定制的防盗系统、全车线束等特殊零部件的运输时间；特殊零部件的种类范围由生产者明示在三包凭证上"的免责规定，消费者主张退换车请求不能适用该规定。

21. 某新车在三包期内加装氙气大灯的一个月后出现车辆无法启动，经专业人员检测诊断为车身控制模块电压采样电路击穿失效，启动机单向啮合离合器损毁无法着车，拖车进场检修。维修人员以消费者擅自改装电路，拒绝承担任何责任，要求消费者自费维修是否合理？

依据三包规定的第三十条第(三)款"使用说明书中明示不得改装、调整、拆卸，但消费者自行改装、调整、拆卸而造成损坏的"、第(四)款"发生产品质量问题，消费者自行处置不当而造成损坏的"、第(五)款"因消费者未按照使用说明书要求正确使用、维护、修理产品，而造成损坏的"三包免责规定，消费者加装氙气大灯造成启动瞬间感应峰值电压击穿车速控制模块电压采样电路，符合第(五)款规定的因果关系，车身控制模块应由消费者自行承担维修责任。启动机单向离合器属于机械部件失效，与消费者改装氙气大灯操作无关，不能形成损坏的因果关系，启动机系自身产品质量问题，适用于汽车三包管理规定，消费者可以主张免费更换维修。

22. 某汽车授权经销商由于经营不善转让给同城另外一家经销商，原经销商销售的车辆到哪主张三包责任权利呢？

根据三包规定第二十八条"经营者破产、合并、分立、变更的，其三包责任按照有关法律法规规定执行"，消费者可以全国范围内任何一家生产者授权签约的售后服务商处主张保修权利，也可以根据《中华人民共和国公司法》第三十六条、第四十四条、第九十条、第一百七十五条的规定向变更后的经营者依照三包规定的三包责任主张包退、包换权利。

23. 经销商在销售车辆时附送的车窗3M防爆隔热膜适用汽车三包吗？

不适用三包规定，车窗防爆膜不属于原车原装部件，但可以按照一般质量保修规定或双方的约定申请免费处理。

24. 因三包质量问题而退车，车辆购置税怎么处理？

参照国家税务总局国税发〔2005〕47号《关于车辆购置税税收政策及征收管理有关问题的补充通知》的规定，因质量问题退车的，已缴税款每满1年扣减10%计算退税，未满1年的按已缴纳税款全额退税。

25. 二手车车主，购买的二手车在三包期内可以主张三包权益吗？

适用三包规定，二手车车主可以主张车辆三包权益。根据第二十七条"在家用汽车产品保修期和三包有效期内发生家用汽车产品所有权转移的，三包凭证应当随车转移，三包责任不因汽车所有权转移而改变"的规定，在三包凭证及首次购车发票等资料齐全(或者能够证明真实存在)的前提下，该车辆不因所有权发生转移而终止，车辆依旧能够享受三包规定的权益。

26. 消费者与经销商就车辆发生三包争议时，向哪个部门进行申诉呢？

当双方出现争议时：

(1) 首先协商解决，这种方式沟通直接、处理成本低、时效快，经济。

(2) 消费者也可以通过向所在地的消费者协会、仲裁中心等第三方机构请求调解。

(3) 向当地质量技术监督部门、汽车行业主管部门等行政部门进行申诉。

(4) 如纠纷争议无法通过协商、调解、仲裁等解决，可以向人民法院起诉。

27. 消费者如需主张三包权益，需要注意哪些事项？

在理性维权时，需要注意：

(1) 购车发票、三包凭证、维修记录等必要凭证依据。

(2) 对三包规定熟悉了解，判断是否适用三包规定，如家用属性、时限及里程数、三包维权主体(销售商)、三包规定正式生效的时间、故障部件是否为易损件、故障的损坏严重程度、主要零件、同一零件等。

(3) 维权理性，不可过激。

(4) 熟悉申诉维权的渠道，如消协、质检部门等。

28. 车辆在使用1个月、行驶1 000千米后进行了首次保养(更换机油机滤)，次日早晨发现前机舱下的地面上有机油泄漏痕迹，机油液位明显偏低1/4，消费者可以主张退换换车吗？

不可以。虽然故障发生在开具购车发票之日起的60日或行驶里程低于3 000千米(以先到者为准)范围内，但是泄漏的油液为机油而不是燃油，且在人为维护保养之后，对照三包规定第二十条的条款，均不符合规定。

29. 车辆在隧道内行驶时，车载收音机接收信号断断续续，多次报修后无法解决，消费者可以主张更换车辆吗？

首先对消费者的反映的车辆症状进行具体甄别，判定是否为车辆产品质量问题。由于行驶的环境为隧道、地下停车场等电台信号接收易受干扰的敏感区域，可以通过对比同品牌、同型号其他车辆及不同品牌车辆的进行验证，确认是否车辆产品质量问题。只有确认为产品质量问题的前提下，参考三包规定的条款进一步确认是否达到退换车的前提条件。

30. 消费者从天津港购得一辆美规标准的进口豪华SUV公羊道奇家用车辆，在三包期内产品质量不断，国内没有该品牌的授权维修服务商，消费者因产品质量问题无法得到及时解决，要求平行车进口商参照国内该品牌的国产车三包标准给予免费维修，可行吗？

依据三包规定第二条"在中华人民共和国境内生产、销售的家用汽车产品的三包，适用本规定"，在国内销售的家用汽车，不论是否国产车均适用三包规定。同时依据三包规定第四条"本规定所称三包责任由销售者依法承担。销售者依照规定承担三包责任后，属于生产者的责任或者属于其他经营者的责任的，销售者有权向生产者、其他经营者追偿"的规定，平行进口车销售商不能依据车价相对于国产同品牌车便宜为托词拒绝承担三包责任。

31. 车辆受到强冰雹的敲砸，造成前挡风玻璃的开裂，消费者可以主张三包免费更换前风挡玻璃的权益吗？

冰雹天气系恶劣气象的一种，属于不可抗力，消费者可以通过天气预报的预警预见性合理选择安全的停放地点，避免车辆外部受到冰雹的冲击损坏，依据三包规定第三十条第六款"因不可抗力造成损坏的"经营者可以不承担三包责任，消费者不能依据前风挡玻璃抗冲击性产品质量为由向经营者要求免费维修。

32. 高速公路上行驶的家用汽车，因发动机冷却系统部件节温器漏水，造成水温高，散热器风扇一直高速运转，仪表冷却液温度指示灯一直报警闪烁，空调制冷功能自动切断，消费者基于道路安全考虑，勉强低速行驶10千米后停车至高速公路服务区后致电服务中心拖车进厂维修，经检查发动机因缺少防冻液已经造成活塞拉缸、轴承高温烧结，需要解体发动机大修，费用高昂。售后服务中心在三包期限内拒绝承担全部责任，要求消费者承担部分费用，合理吗？

节温器产品自身质量问题造成发动机缺水高温，进而发动机拉缸损坏，费用高昂，但车辆在前期缺少防冻液情况时，车辆已经有明显的报警提示信息及故障损坏症状，消费者应具备一般车辆常识并及时采取紧急车道内停机等待拖车施救的措施，避免车辆损失进一步扩大，该损失应由经营者全部承担三包责任，包含拖车费用等。依据三包责任免除第三十条第四款"发生产品质量问题，消费者自行处置不当而造成损坏的"，服务中心可以要求消费者部分承担因自行处置不当造成损失扩大的责任，具体承担比例双方协商处理。类似纠纷还有车辆"涉水后"，消费者强行再次启动车辆造成发动机活塞连杆变形、严重时缸体捣通损失扩大的，保险公司也会依据消费者"自行处理不当"拒绝承担全部保险责任。

第3部分
汽车"三包"典型案例分析

第4章 汽车"三包"案例分析

4.1 汽车发动机案例分析

4.1.1 发动机在其他修理厂没有按照技术要求维修销售者可免责

关键字：发动机，修理网点，保养，责任免除，高速熄火，第三十条、第十二条

申诉时间：2015年8月16日

购车发票时间：2014年10月25日

行驶里程：12 100km

申诉类型：更换总成

申诉类型是否适用三包规定：不适用

申诉涉及部件：发动机气缸、曲轴、轴瓦

李小姐2014年10月25日在某4S店分销商购买了一辆轿车，购车发票及三包凭证齐全。至2015年8月16日该车行驶了12 100km，在高速行驶时突然发动机熄火，无法启动。车主认为是发动机质量问题将车拖到4S店，要求免费更换发动机。但经4S店检查诊断故障确实存在，并发现该车于2015年1月30日在该4S店做过首次保养后就没有在该店或正规维修厂保养过。发动机机油机滤无明显品牌商标。检查发现发动机不能转动，需要分解发动机进一步检查。把油底壳拆下后发动机机油泵缺油，高温发黑色，连杆瓦盖发黑曲轴抱死。对机滤切割分解，内部滤纸腐烂堵塞，从而引起发动机高速供油不足导致发动机内部零件损坏。4S店认定客户在外面非正规维修厂保养，使用假冒伪劣机滤引起的问题，不应三包。

案例解析

根据汽车三包规定第三十条：在家用汽车产品保修期和三包有效期内，存在下列情形之一的，经营者对所涉及产品的质量问题，可以不承担本规定所规定的三包责任。

(一) 消费者所购家用汽车产品已被书面告知存在瑕疵的；

(二) 家用汽车产品用于出租或者其他营运目的的；

(三) 使用说明书中明示不得改装、调整、拆卸，但消费者自行改装、调整、拆卸而造成损坏的；

(四) 发生产品质量问题，消费者自行处置不当而造成损坏的；

(五) 因消费者未按照使用说明书要求正确使用、维护、修理产品，而造成损坏的；

(六) 因不可抗力造成损坏的。

同时，第十二条规定：销售者销售家用汽车产品，应当符合下列要求：

(一) 向消费者交付合格的家用汽车产品以及发票；

(二) 按照随车物品清单等随车文件向消费者交付随车工具、备件等物品；

(三) 当面查验家用汽车产品的外观、内饰等现场可查验的质量状况；

(四) 明示并交付产品使用说明书、三包凭证、维修保养手册等随车文件；

(五) 明示家用汽车产品三包条款、保修期和三包有效期；

(六) 明示由生产者约定的修理者名称、地址和联系电话等修理网点资料，但不得限制消费者在上述修理网点中自主选择修理者；

(七) 在三包凭证上填写有关销售信息；

(八) 提醒消费者阅读安全注意事项、按产品使用说明书的要求进行使用和维护保养。

对于进口家用汽车产品，销售者还应当明示并交付海关出具的货物进口证明和出入境检验检疫机构出具的进口机动车辆检验证明等资料。

其中，消费者有选择维修网点的自由，消费者可以自由选择，但须保证按汽车使用说明书等随车文件约定的技术要求和保养周期进行维护，委托的维修单位需持有合法资质和技术能力，所有维修单据规范完整。李小姐是可以选择非明示的网点进行维修服务的，但从车辆使用的结果看，明显是使用了不符合随车文件规定的产品，在选择配件时没有选用正规配件，造成了车辆损坏，属于保养不当造成的故障，导致了发动机的损坏，不符合三包规定要求，不能行使主张更换的权利，也不应由4S店承担三包责任。因消费者未按照使用说明书要求正确使用、维护、修理产品，而造成损坏的可以免除三包责任。这里有一个先决条件就是这种保养是否造成损坏。如伪劣机油、零部件和材料，或工人操作有问题导致发动机损坏存在因果关系，4S店可以免除责任。

消费者可以自由选择厂家进行车辆保养，但维修企业必须具有相应的资质，同时选择非正规配件等造成的车辆故障，销售者可以免责。

4.1.2 发动机轴瓦损坏什么时候可免费更换

关键字：发动机，轴瓦，更换，损坏，第十八条、第二十条

申诉时间：2016年7月15日

购车发票时间：2016年6月8日

行驶里程：800km

申诉类型：更换总成

申诉类型是否适用三包规定：适用

申诉涉及部件：发动机轴瓦

2016年6月8日潘先生于某4S店购买一辆汽车，在2016年7月13日共行驶了800km左右，发动机损坏，钱先生要求退换车辆。经4S店检查，发现轴瓦损坏，仅需维修发动机即可。

案例解析

根据汽车三包规定第二十条：在家用汽车产品三包有效期内，符合本规定更换、退货条件的，消费者凭三包凭证、购车发票等由销售者更换、退货。

家用汽车产品自销售者开具购车发票之日起60日内或者行驶里程在3 000千米之内(以先到者为准)，家用汽车产品出现转向系统失效、制动系统失效、车身开裂或燃油泄漏，消费者选择更换家用汽车产品或退货的，销售者应当负责免费更换或退货。

在家用汽车产品三包有效期内，发生下列情况之一，消费者选择更换或退货的，销售者应当负责更换或退货：

（一）因严重安全性能故障累计进行了2次修理，严重安全性能故障仍未排除或者又出现新的严重安全性能故障的；

（二）发动机、变速器累计更换2次后，或者发动机、变速器的同一主要零件因其质量问题，累计更换2次后，仍不能正常使用的，发动机、变速器与其主要零件更换次数不重复计算；

（三）转向系统、制动系统、悬架系统、前/后桥、车身的同一主要零件因其质量问题，累计更换2次后，仍不能正常使用的；

转向系统、制动系统、悬架系统、前/后桥、车身的主要零件由生产者明示在三包凭证上，其种类范围应当符合国家相关标准或规定，具体要求由国家质检总局另行规定。

根据三包规定第十八条规定：在家用汽车产品保修期内，家用汽车产品出现产品质量问题，消费者凭三包凭证由修理者免费修理(包括工时费和材料费)。

家用汽车产品自销售者开具购车发票之日起60日内或者行驶里程在3 000千米之内(以先到者为准)，发动机、变速器的主要零件出现产品质量问题的，消费者可以选择免费更换发动机、变速器。发动机、变速器的主要零件的种类范围由生产者明示在三包凭证上，其种类范围应当符合国家相关标准或规定，具体要求由国家质检总局另行规定。

本案例中，潘先生的车辆发动机轴瓦损坏，属于发动机主要部件出现质量问题，可以更换发动机总成，但尚不构成更换车辆的要求。因此，潘先生有权利选择更换发动机总成。

专家点评

当家用汽车产品满足自销售者开具购车发票之日起60日内或者行驶里程在3 000千米之内(以先到者为准)的条件时，发动机主要零部件首次损坏，可更换发动机总成。在三包有效期内，累计更换两次后故障仍存在时，消费者可以申请更换或退货。

4.1.3　发动机同一问题3次未解决可以退车

关键字：发动机，怠速异响，同种故障，主要零部件，第二十条

申诉时间：2015年10月29日

购车发票时间：2015年4月30日

行驶里程：4 273km

申诉类型：退货

申诉类型是否适用三包规定：适用

申诉涉及部件：发动机气缸体

2015年4月30日周小姐在某4S店购买了一辆轿车，购车发票和三包凭证齐全，至2015年10月29日行驶了4 273km，出现怠速状态下发动机内部异响问题，并且在此之前已经进店维修过3次，此次故障再次发生，车主要求退车。但4S店认为按照厂家工程师的指导操作进行打磨后异响就可以解决。

案例解析

根据汽车三包规定第二十条：在家用汽车产品三包有效期内，符合本规定更换、退货条件的，消费者凭三包凭证、购车发票等由销售者更换、退货。

家用汽车产品自销售者开具购车发票之日起60日内或者行驶里程在3 000千米之内(以先到者为准)，家用汽车产品出现转向系统失效、制动系统失效、车身开裂或燃油泄漏，消费者选择更换家用汽车产品或退货的，销售者应当负责免费更换或退货。

在家用汽车产品三包有效期内，发生下列情况之一，消费者选择更换或退货的，销售者应当负责更换或退货：

(一)因严重安全性能故障累计进行了2次修理，严重安全性能故障仍未排除或者又出现新的严重安全性能故障的；

(二)发动机、变速器累计更换2次后，或者发动机、变速器的同一主要零件因其质量问题，累计更换2次后，仍不能正常使用的，发动机、变速器与其主要零件更换次数不重复计算。

本案例中的车辆还处于三包有效期内，且已经进场维修3次，可以要求更换或者退车。

专家点评

　　在三包有效期内，满足发动机中同一个主要零部件因产品质量问题，累计更换2次后，故障依然存在的条件时，消费者可以选择更换或者退货。

4.1.4　发动机退换期限不能超过60天

关键字：发动机，下护板，渗油，修理，第十八条

申诉时间：2016年6月5日

购车发票时间：2015年12月8日

行驶里程：2 899km

申诉类型：退货

申诉类型是否适用三包规定：不适用

申诉涉及部件：发动机气缸体

　　2015年12月8日周女士在某4S店购买一辆汽车，购车发票及三包凭证齐全，至2016年6月2日该车行驶了2 899km，到4S店做首次保养时发现下护板处有大量油迹，同时经4S店维修人员检查机油标尺已经低于最低刻度线，后经技师详细检查确认发现此漏油点为发动机的中缸部位的一个铸造回油孔处渗出。车主认为刚买的新车出现严重的质量问题，要求退车。4S店认为可以修理解决问题，不应退车。

案例解析

　　根据汽车三包规定第十八条：在家用汽车产品保修期内，家用汽车产品出现产品质量问题，消费者凭三包凭证由修理者免费修理(包括工时费和材料费)。

　　家用汽车产品自销售者开具购车发票之日起60日内或者行驶里程在3 000千米之内(以先到者为准)，发动机、变速器的主要零件出现产品质量问题的，消费者可以选择免费更换发动机、变速器。发动机、变速器的主要零件的种类范围由生产者明示在三包凭证上，其种类范围应当符合国家相关标准或规定，具体要求由国家质检总局另行规定。

本案例中的车辆已经使用了6个月，超出更换条件，故仅能进行免费修理。

专家点评

如果在包退期内，即家用汽车产品自销售者开具购车发票之日起60日内或者行驶里程在3 000千米之内(以先到者为准)，出现发动机漏油的情况，消费者可以申请免费更换发动机。

4.1.5 发动机超出三包规定的行驶里程后不能退换

关键字：发动机，气门，修理，发动机抖动，第二十条

申诉时间：2016年8月11日

购车发票时间：2016年7月14日

行驶里程：4 500km

申诉类型：退货

申诉类型是否适用三包规定：不适用

申诉涉及部件：发动机气门

2016年7月14日汪小姐在某4S店购买了一辆汽车，购车发票及三包凭证齐全，2016年8月10日累计行驶了4 500km后感觉发动机抖动，加速无力，将车开到4S店。经技师诊断发现是第三缸进气门问题导致发动机抖动，加速无力，更换第三缸进气门后可解决问题。但车主认为车才买一个月发动机就出现问题，坚持要求退车。

案例解析

根据汽车三包规定第二十条：在家用汽车产品三包有效期内，符合本规定更换、退货条件的，消费者凭三包凭证、购车发票等由销售者更换、退货。

家用汽车产品自销售者开具购车发票之日起60日内或者行驶里程在3 000千米之内(以先到者为准)，家用汽车产品出现转向系统失效、制动系统失效、车身开裂或燃油泄漏，消费者选择更换家用汽车产品或退货的，销售者应当负责免费更换或退货。

在家用汽车产品三包有效期内，发生下列情况之一，消费者选择更换或退货的，销售者应当负责更换或退货：

(一) 因严重安全性能故障累计进行了2次修理，严重安全性能故障仍未排除或者又出现新的严重安全性能故障的；

(二) 发动机、变速器累计更换2次后，或者发动机、变速器的同一主要零件因其质量问题，累计更换2次后，仍不能正常使用的，发动机、变速器与其主要零件更换次数不重复计算；

(三) 转向系统、制动系统、悬架系统、前/后桥、车身的同一主要零件因其质量问题，累计更换2次后，仍不能正常使用的。

虽然该车才买一个月，但是发动机或其主要零部件还没有更换过，达不到退换车的要求。根据汽车三包规定第十八条 "在家用汽车产品三包有效期内，家用汽车产品自销售者开具购车发票之日起60日内或者行驶里程在3 000千米之内(以先到这为准)，发动机、变速器的主要零件出现产品质量问题的，消费者可以选择免费更换发动机、变速器"，该车现在已行驶4 500km，发动机也不在更换总成范围。

专家点评

在三包有效期内，超过自销售者开具购车发票之日起60日或者行驶里程3 000km的情况下，即使是发动机主要零部件发生故障，也应首选维修处理。累计修理2次故障仍无法排除，才可申请更换或退货。

4.1.6 未正确使用车辆致发动机损坏销售者可免责

关键字：发动机，燃油，修理，抖动，第三十条

申诉时间：2015年10月15日

购车发票时间：2015年5月15日

行驶里程：15 300km

申诉类型：退货

申诉类型是否适用三包规定：不适用

申诉涉及部件：发动机

2015年5月15日陈先生在某4S购买一辆车，购车发票及三包凭证齐全，车辆行驶一个月后，行驶里程在2 000千米左右，发动机故障灯亮，4S店未找到故障原因，添加发动机清洗剂，故障码消除。车辆后续使用，行驶1万千米后，发动机故障灯亮，车子发抖。到4S店修理，更换氧传感器。后车辆继续使用，又出现发动机故障码且发动机发抖故障。车主将车开到4S店，4S店对发动机进行检测，发动机点火系统正常，只存在火花塞使用不一致现象，会影响发动机的性能；二缸火花塞头部发白，一般为燃烧室内温度过高，或使用低辛烷值的汽油引起；对其发动机拆解进行检测，发现发动机二缸排气门烧蚀，密封不严，导致该缸气缸压力下降，致使发动机缺缸抖动；对其排气门进行检测未发现本身存在问题。排气门烧蚀漏气与燃烧室内部温度过高有关；对其发动机冷却系统进行检测，未发现冷却系统水道存在堵塞现象；对其发动机正时进行检测，发动机正时结构完好，未发现正时存在不匹配现象。可排除发动机冷却系统及正时系统导致发动机燃烧室内部温度过高。4S店询问车主的使用情况，了解到车主经常跑苏北地区，涉案车辆规定使用优质无铅汽油，而使用低牌号或乙醇汽油时，汽油辛烷值低，会致使发动机燃烧室温度过高，导致气门或火花塞烧损，影响发动机正常使用。所以故障是车主使用问题导致，不同意退车。

案例解析

根据汽车三包规定第三十条：在家用汽车产品保修期和三包有效期内，存在下列情形之一的，经营者对所涉及产品质量问题，可以不承担本规定所规定的三包责任。

(一) 消费者所购家用汽车产品已被书面告知存在瑕疵的；

(二) 家用汽车产品用于出租或者其他营运目的的；

(三) 使用说明书中明示不得改装、调整、拆卸，但消费者自行改装、调整、拆卸而造成损坏的；

(四) 发生产品质量问题，消费者自行处置不当而造成损坏的；

(五) 因消费者未按照使用说明书要求正确使用、维护、修理产品，而造成损坏的；

(六) 因不可抗力造成损坏的。

本案例中的车辆故障是车主未按照使用说明要求正确使用车辆而造车的，4S店应免责。

 专家点评

车主未按使用说明书正确使用车辆而导致的故障，4S店可以不承担三包责任。

4.1.7 发生故障后车主自行处理不当导致发动机报废销售者免责

关键字：发动机，润滑油，变质，更换总成，第三十条

申诉时间：2016年2月20日

购车发票时间：2015年1月13日

行驶里程：12 420km

申诉类型：更换车辆

申诉类型是否适用三包规定：不适用

申诉涉及部件：发动机

薛女士于2015年1月13日在某4S店购得一辆轿车。2016年2月20日，当时行驶里程为12 420km，薛女士在驾驶过程中发动机突然出现异响，后拖至4S店检查得知发动机内部曲轴部位严重异响，需要拆解发动机总成维修。薛女士拒绝拆解发动机维修方案并提出换车要求。销售者认为车辆购买后使用超过60天或行驶里程超过3 000km，不符合三包规定有关条例，所以不予更换发动机总成或退换车处理，但可承担发动机解体维修索赔。并且在专家介入沟通过程中了解到该车辆在发生故障前一日就出现机油压力报警灯间歇性报警的现象，车主直至次日发动机熄火时才找服务站检修。所以经销商认为车主负有主要责任。

 案例解析

根据三包规定第三十条：在家用汽车产品保修期和三包有效期内，存在下列情

形之一的，经营者对所涉及产品质量问题，可以不承担本规定所规定的三包责任。

(一) 消费者所购家用汽车产品已被书面告知存在瑕疵的；

(二) 家用汽车产品用于出租或者其他营运目的的；

(三) 使用说明书中明示不得改装、调整、拆卸，但消费者自行改装、调整、拆卸而造成损坏的；

(四) 发生产品质量问题，消费者自行处置不当而造成损坏的；

(五) 因消费者未按照使用说明书要求正确使用、维护、修理产品，而造成损坏的；

(六) 因不可抗力造成损坏的。

对车辆发动机进行了拆检发现：该发动机曲轴各道轴瓦与轴径、各活塞气缸缸壁、缸盖与凸轮轴部分，均出现了不同程度的拉伤，油底壳中布满零件磨料碎屑；发动机曲柄连杆机构及缸体部件均已严重损坏，不能继续使用，须更发动机内部的曲轴等主要零部件。通过与车主进一步沟通：车辆发生熄火前有间歇性机油压力报警灯点亮现象，发动机存在异响，车主当时并未在意，只想开至服务站检修，后就发生了发动机损坏。通过技术鉴定该发动机系润滑缺陷导致内部零部件磨损，磨料堵塞润滑油道，发动机机油压力下降后又造成发动机内部的各部件进一步损伤。该车辆购车时间超过60天，且行驶里程超过3 000km，不符合更换总成的三包条件。这种情况下，由于车主的非正常使用导致的发动机损坏，4S店可以免除三包责任。

专家点评

车辆发生故障后，车主不要轻易自行处理。如果处理不当给车辆造成二次伤害，销售者将不承担其三包责任。

4.1.8　发动机缸盖首次损坏应该进行维修处理

关键字：发动机，缸盖，维修，异响，第二十条

申诉时间：2015年7月8日

购车发票时间：2014年3月22日

行驶里程：13 046km

申诉类型：更换总成

申诉类型是否适用三包规定：不适用

申诉涉及部件：发动机气缸盖

张先生于2014年3月22日在某4S店购买了一辆汽车。购车发票与三包凭证齐全。2015年7月8日(行驶了13 046千米)到4S店反映发动机异响，经技师检查缸盖损坏，需要更换发动机缸盖。车主认为缸盖是发动机主要部件，发动机出现问题了不是小问题，应该给予换车。4S店解释称发动机缸盖故障不影响车辆使用安全，而且可以更换维修解决，无法满足换车条件。

案例解析

根据汽车三包规定第二十条：在家用汽车产品三包有效期内，符合本规定更换、退货条件的，消费者凭三包凭证、购车发票等由销售者更换、退货。

家用汽车产品自销售者开具购车发票之日起60日内或者行驶里程在3 000千米之内(以先到者为准)，家用汽车产品出现转向系统失效、制动系统失效、车身开裂或燃油泄漏，消费者选择更换家用汽车产品或退货的，销售者应当负责免费更换或退货。

在家用汽车产品三包有效期内，发生下列情况之一，消费者选择更换或退货的，销售者应当负责更换或退货：

(一) 因严重安全性能故障累计进行了2次修理，严重安全性能故障仍未排除或者又出现新的严重安全性能故障的；

(二) 发动机、变速器累计更换2次后，或者发动机、变速器的同一主要零件因其质量问题，累计更换2次后，仍不能正常使用的，发动机、变速器与其主要零件更换次数不重复计算。

本案例中，虽然缸盖是发动机的主要零部件，但是该缸盖是首次出现故障，达不到换总成条件，应先进行维修处理。

专家点评

在主要零部件损坏但是没有造成严重安全性能故障的情况下，应以维修处理为主。

4.1.9 发动机高压油泵故障三包期内可免费更换

关键字：发动机，高压油泵，退车，无法启动，第十八条

申诉时间：2016年3月15日

购车发票时间：2015年12月20日

行驶里程：3 234km

申诉类型：更换发动机总成

申诉类型是否适用三包规定：不适用

申诉涉及部件：发动机高压油泵

2015年12月20日徐先生在某4S店购买了一辆自动挡轿车，购车发票及三包凭证齐全，2016年3月2日出现车辆无法启动故障，将车拖到4S店进行检修。4S店技师检修后，发现为发动机高压油泵损坏，愿意为车主进行免费更换油泵，但车主不同意，认为半年内出现发动机故障，要求4S店更换发动机。

案例解析

根据汽车三包规定第十八条：在家用汽车产品保修期内，家用汽车产品出现产品质量问题，消费者凭三包凭证由修理者免费修理(包括工时费和材料费)。

家用汽车产品自销售者开具购车发票之日起60日内或者行驶里程在3 000千米之内(以先到者为准)，发动机、变速器的主要零件出现产品质量问题的，消费者可以选择免费更换发动机、变速器。发动机、变速器的主要零件的种类范围由生产者明示在三包凭证上，其种类范围应当符合国家相关标准或规定，具体要求由国家质检总局另行规定。

家用汽车产品的易损耗零部件在其质量保证期内出现产品质量问题的，消费者可以选择免费更换易损耗零部件。易损耗零部件的种类范围及其质量保证期由生产者明示在三包凭证上。生产者明示的易损耗零部件的种类范围应当符合国家相关标准或规定，具体要求由国家质检总局另行规定。

高压油泵非发动机主要零件，且超出60天或行驶里程超过3 000km，所以只能进行免费的修理，4S店为车主更换一个新的高压油泵即可。

 专家点评

非发动机主要零部件故障，即使在三包规定时间内，也不能为消费者免费更换发动机。此类故障只能采用维修的方式进行，如果无法维修，可以协商更换零部件。

4.1.10　发动机故障三包期内维修累计时间超35日可换车

关键字：发动机，马达，换车，无法启动，第二十一条

申诉时间：2014年9月3日

购车发票时间：2014年8月22日

行驶里程：113km

申诉类型：更换车辆

申诉类型是否适用三包规定：适用

申诉涉及部件：发动机马达

2014年8月22日杨先生在某4S店购买了一辆汽车，购车发票及三包凭证齐全，2014年8月24日出现无法启动现象，车辆拖至4S店，经诊断后发现车辆气门机构调整马达故障导致车辆无法启动，可以通过更换新的马达以及软件升级后使故障消除。车主表示接受。由于此车气门马达全国无货，4S店和厂家联系订货。但40天后，新马达还没有到货，此时车主提出换车。

案例解析

根据汽车三包规定第二十一条：在家用汽车产品保修期内，因产品质量问题修理时间累计超过35日的，或者因同一产品质量问题累计修理超过5次的，消费者可以凭三包凭证、购车发票，由销售者负责更换。同时第十九条规定，因产品质量问题每次修理时间(包括等待修理备件时间)超过5日的，应当为消费者提供备用车，或者给予合理的交通费用补偿。修理时间自消费者与修理者确定修理之时起，至完成修理之时止。一次修理占用时间不足24小时的，以1日计。

但三包又规定，在家用汽车产品三包有效期内，下列情形所占用的时间不计入前款规定的修理时间：

(一) 需要根据车辆识别代号(VIN)等定制的防盗系统、全车线束等特殊零部件的运输时间；特殊零部件的种类范围由生产者明示在三包凭证上；

(二) 外出救援路途所占用的时间。

本案例中，由于时间超过35天，同时马达也不属于需特殊定制的零部件，4S店应根据三包规定给车主换车。

 **专家点评**

在三包有效期内，故障车辆从进店维修开始算起，超过35日仍未维修好的情况下，销售者应当为消费者换车。但是特殊零部件的运输时间以及外出救援所占用的时间不可计算在内。

4.1.11　发动机气缸盖变形损伤可以更换车辆

关键字：发动机，油污，气缸盖，变形，第二十一条

申诉时间：2016年9月10日

购车发票时间：2014年4月25日

行驶里程：22 000km

申诉类型：更换车辆

申诉类型是否适用三包规定：适用

申诉涉及部件：发动机气缸盖

2014年4月25日张先生在某4S店购买了一辆轿车，购车发票及三包凭证齐全，2014年12月5日车主发现发动机气缸盖与缸体结合出有油污，将车开到4S店。4S店给予了维修，维修后不久同样的问题继续出现，之后4S店先后因同一问题进行了6次维修，都没有解决，而且最后一次维修超过6天。车主认为经过多次维修，漏油有所缓解，但是始终不能解决，要求换车。

案例解析

根据汽车三包政策第二十一条规定：在家用汽车产品三包有效期内，因产品质量问题修理时间累计超过35日的，或者因同一产品质量问题累计修理超过5次的，消费者可以凭三包凭证、购车发票，由销售者负责更换。

下列情形所占用的时间不计入前款规定的修理时间：

(一) 需要根据车辆识别代号(VIN)等定制的防盗系统、全车线束等特殊零部件的运输时间；特殊零部件的种类范围由生产者明示在三包凭证上；

(二) 外出救援路途所占用的时间。

本案例中，故障车辆已经因同一产品质量问题累计维修了7次，而且故障还没有彻底解决。4S店应该为车主换车。根据汽车三包规定第十九条：在家用汽车产品保修期内，因产品质量问题每次修理时间超过5日的，应当为消费者提供备用车，或者给予合理的交通费用补偿。由于最后一次维修时间超过了6日，4S店还应为车主提供交通费用补偿。

专家点评

汽车产品故障类型有很多，但在三包有效期内，只有当因为同一个产品质量问题累计维修超过5次或者维修时间累计超过35日的，才满足换车条件。

4.1.12　发动机轴承异响修理2次不能更换总成

关键字：发动机，轴承，修理，异响，第二十一条

申诉时间：2015年11月12日

购车发票时间：2015年2月20日

行驶里程：8 122km

申诉类型：更换总成

申诉类型是否适用三包规定：不适用

申诉涉及部件：发动机轴承

2015年2月20日，王先生在某4S店购买了一辆轿车，2015年8月15日，行驶5 132km时偶然发现发动机有异响。王先生将车开到4S店检查，维修人员第一次检查未发现明显问题。2015年11月12日，行驶8 122km时李先生再次发现发动机有异响，经4S店维修人员再次诊断发现曲轴主轴承盖松动，主轴承和轴颈磨损造成的异响。可以经过重新修配间隙排除故障。但车主认为发动机异响情况严重，要求更换发动机。

案例解析

根据汽车三包第二十一条规定：在家用汽车产品三包有效期内，因产品质量问题修理时间累计超过35日的，或者因同一产品质量问题累计修理超过5次的，消费者可以凭三包凭证、购车发票，由销售者负责更换。

下列情形所占用的时间不计入前款规定的修理时间：

(一) 需要根据车辆识别代号(VIN)等定制的防盗系统、全车线束等特殊零部件的运输时间；特殊零部件的种类范围由生产者明示在三包凭证上；

(二) 外出救援路途所占用的时间。

因该车出现故障已经超过60天或者行驶里程3 000km的包退范围，并且发动机异响的故障属于同一问题未累计修理超过2次，所以发动机可以不予以更换，由4S店负责维修。

专家点评

当车辆超过家用汽车包退期时，即使是发动机的主要零部件发生故障，也应先以修理为主。

4.1.13 发动机烧机油不能换车

关键字：发动机，烧机油，更换，第二十条

申诉时间：2016年5月28日

购车发票时间：2016年2月18日

行驶里程：10 034km

申诉类型：更换车辆

申诉类型是否适用三包规定：不适用

申诉涉及部件：发动机

2016年2月18日钱先生在某4S店购买一辆汽车，2016年5月28日行驶10 034km时发现左右发动机故障灯亮，发动机烧机油。到4S店后经过维修检查，发现缸内胶质严重，气门导管磨损严重，需维修发动机。钱先生要求退换车辆。

案例解析

根据汽车三包规定第二十条：在家用汽车产品三包有效期内，符合本规定更换、退货条件的，消费者凭三包凭证、购车发票等由销售者更换、退货。

家用汽车产品自销售者开具购车发票之日起60日内或者行驶里程3 000千米之内(以先到者为准)，家用汽车产品出现转向系统失效、制动系统失效、车身开裂或燃油泄漏，消费者选择更换家用汽车产品或退货的，销售者应当负责免费更换或退货。

在家用汽车产品三包有效期内，发生下列情况之一，消费者选择更换或退货的，销售者应当负责更换或退货：

(一) 因严重安全性能故障累计进行了2次修理，严重安全性能故障仍未排除或者又出现新的严重安全性能故障的；

(二) 发动机、变速器累计更换2次后，或者发动机、变速器的同一主要零件因其质量问题，累计更换2次后，仍不能正常使用的，发动机、变速器与其主要零件更换次数不重复计算；

(三) 转向系统、制动系统、悬架系统、前/后桥、车身的同一主要零件因其质量问题，累计更换2次后，仍不能正常使用的；转向系统、制动系统、悬架系统、前/后桥、车身的主要零件由生产者明示在三包凭证上，其种类范围应当符合国家相关标准或规定，具体要求由国家质检总局另行规定。

钱先生的车辆已超出三包规定的60天/3 000km的包退期，同时发动机之前未更换过，所以达不到换车要求。

 **专家点评**

若车辆在购买在60天/3 000km的包退期内，发动机主要零部件损坏，车主有权利选择更换总成。

4.1.14　发动机首次渗油不应该退车

关键字：发动机，油封，渗油，修理，第十八条

申诉时间：2014年4月30日

购车发票时间：2014年3月19日

行驶里程：1 638km

申诉类型：退货

申诉类型是否适用三包规定：不适用

申诉涉及部件：发动机主要零件、活塞、连杆、主轴承、曲轴、轴瓦

2014年3月19日，李先生在连云港某汽车销售服务有限公司购买一辆汽车，购车发票及三包凭证齐全。同年4月30日车辆行驶1 638千米后，车主向4S店反映发动机出现渗油现象。经检查，确定发动机曲轴前油封处轻微漏油，曲轴前油封不是发动机主要零部件，只需更换前油封。车主则认为新车刚买一个多月就出现燃油泄漏，要求退车。

案例解析

根据汽车三包规定第十八条：在家用汽车产品保修期内，家用汽车产品出现产品质量问题，消费者凭三包凭证由修理者免费修理(包括工时费和材料费)。

家用汽车产品自销售者开具购车发票之日起60日内或者行驶里程3 000千米之内(以先到者为准)，发动机、变速器的主要零件出现产品质量问题的，消费者可以选择免费更换发动机、变速器。发动机、变速器的主要零件的种类范围由生产者明示在三包凭证上，其种类范围应当符合国家相关标准或规定，具体要求由国家质检总局另行规定。

　　家用汽车产品的易损耗零部件在其质量保证期内出现产品质量问题的，消费者可以选择免费更换易损耗零部件。易损耗零部件的种类范围及其质量保证期由生产者明示在三包凭证上。生产者明示的易损耗零部件的种类范围应当符合国家相关标准或规定，具体要求由国家质检总局另行规定。

　　本案例中，油封漏油不是燃油泄漏。而且前油封不是发动机的主要零部件，因此虽说汽车使用符合销售者开具购车发票之日起60日内或行驶里程3 000km之内，但仍达不到更换条件，只能进行维修处理。

专家点评

　　退车的条件是很苛刻的，需要仔细甄别。首次故障大部分是不符合退车条件的；消费者可以在三包凭证上查找到车辆相关的主要零件的种类范围，并且明确是否符合退车条件，减少纠纷的发生。

4.1.15　发动机燃油压力调节阀故障保修期间可免费更换

关键字：发动机，燃油压力调节阀，修理，故障灯报警，第十八条

申诉时间：2015年10月5日

购车发票时间：2015年8月17日

行驶里程：2 580km

申诉类型：更换总成

申诉类型是否适用三包规定：不适用

申诉涉及部件：发动机燃油调节阀

2015年8月17日秦先生在某4S店购买了一辆汽车，购车发票及三包凭证齐全。2015年10月3日行驶约2 580km时，车主在行驶过程中感觉发动机突然加速无力，发动机故障灯报警。车主在咨询有关专家后认为发动机或者发动机主要零件有质量问题，遂将车开到4S店，要求换一个新的发动机。4S店和车主协商后，决定先检查故障原因。经检查发现是发动机燃油压力调节阀的机械故障导致发动机故障灯报警，发动机加速无力。可以通过更换发动机零件来解决问题。

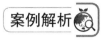
案例解析

根据汽车三包规定第十八条：在家用汽车产品保修期内，家用汽车产品出现产品质量问题，消费者凭三包凭证由修理者免费修理(包括工时费和材料费)。

家用汽车产品自销售者开具购车发票之日起60日内或者行驶里程3 000千米之内(以先到者为准)，发动机、变速器的主要零件出现产品质量问题的，消费者可以选择免费更换发动机、变速器。发动机、变速器的主要零件的种类范围由生产者明示在三包凭证上，其种类范围应当符合国家相关标准或规定，具体要求由国家质检总局另行规定。

家用汽车产品的易损耗零部件在其质量保证期内出现产品质量问题的，消费者可以选择免费更换易损耗零部件。易损耗零部件的种类范围及其质量保证期由生产者明示在三包凭证上。生产者明示的易损耗零部件的种类范围应当符合国家相关标准或规定，具体要求由国家质检总局另行规定。

燃油压力调节阀不是发动机的主要零部件，因此虽说汽车使用符合60日内或行驶里程3 000km之内，仍不符合更换总成条件。

专家点评

发动机非主要零部件故障，即使车辆处于包退期内，也无法免费更换总成。

4.1.16 发动机VVT阀问题的三包处理

关键字：发动机，VVT阀，修理，熄火，第十八条

申诉时间：2015年6月8日

购车发票时间：2015年1月13日

行驶里程：16 503km

申诉类型：退货

申诉类型是否适用三包规定：不适用

申诉涉及部件：发动机排气可变正时阀

2015年1月13日袁先生在某4S店购买了一辆汽车，购车发票及三包凭证齐全，2015年6月8日行驶16 503km后车辆在行驶中熄火，再也无法启动。车主将车拖到4S店，在得到车主同意后，4S店对车辆检修，检查油压和点火正常。经过检查发现排气可变正时阀体发现该阀体连接凸轮轴的螺丝断掉，引起车辆无法启动。车主认为发动机是车辆的心脏，要求退车。但4S店认为可以通过单独更换VVT阀解决问题，不需要退车。

案例解析

根据汽车三包规定第十八条：在家用汽车产品保修期内，家用汽车产品出现产品质量问题，消费者凭三包凭证由修理者免费修理(包括工时费和材料费)。

家用汽车产品自销售者开具购车发票之日起60日内或者行驶里程3 000千米之内(以先到者为准)，发动机、变速器的主要零件出现产品质量问题的，消费者可以选择免费更换发动机、变速器。发动机、变速器的主要零件的种类范围由生产者明示在三包凭证上，其种类范围应当符合国家相关标准或规定，具体要求由国家质检总局另行规定。

家用汽车产品的易损耗零部件在其质量保证期内出现产品质量问题的，消费者可以选择免费更换易损耗零部件。易损耗零部件的种类范围及其质量保证期由生产者明示在三包凭证上。生产者明示的易损耗零部件的种类范围应当符合国家相关标准或规定，具体要求由国家质检总局另行规定。

该车为发动机故障，虽然发动机是车辆上重要总成，但由于其没有达到更换2次后仍不能使用，达不到退车标准。VVT阀损坏属于非主要零件损坏，4S店应当负责免费将车修好即可。

专家点评

在三包有效期内，发动机累计更换2次后，故障仍未排除的情况下，消费者才有权利选择退换车。

4.1.17 发动机舱冒蓝烟不能退车

关键字：发动机，缸体，缺口，冒蓝烟，第十八条

申诉时间：2016年7月21日

购车发票时间：2016年4月10日

行驶里程：8 993km

申诉类型：退货

申诉类型是否适用三包规定：不适用

申诉涉及部件：发动机气缸体

2016年4月10日吴先生在某4S店购买了一辆汽车，购车发票及三包凭证齐全。2016年7月21日车辆行驶8 993km时，车主到4S店反映该车发动机舱冒蓝烟。4S店经过检测发现是发动机缸体内有缺口使漏油滴到了增压器上，从而导致冒蓝烟。车主认为发动机有缺口，属于质量问题，要求退车。

案例解析

根据汽车三包规定第十八条：在家用汽车产品保修期内，家用汽车产品出现产品质量问题，消费者凭三包凭证由修理者免费修理(包括工时费和材料费)。

家用汽车产品自销售者开具购车发票之日起60日内或者行驶里程3 000千米之内(以先到者为准)，发动机、变速器的主要零件出现产品质量问题的，消费者可以选择免费更换发动机、变速器。发动机、变速器的主要零件的种类范围由生产者明示在三包凭证上，其种类范围应当符合国家相关标准或规定，具体要求由国家质检总局另行规定。

本案例中，虽然车辆确定出现故障，但由于使用日期、里程分别超过60日和3 000km，且是初次故障，不能满足退车条件，4S店应为车主提供免费的维修。

**专家点评**

三包有效期内，发动机主要零部件初次故障，仍然不能退车。

4.1.18 发动机异响不能退车

关键字：发动机，曲轴，异响，第十八条

申诉时间：2016年5月31日

购车发票时间：2015年9月23日

行驶里程：8 838km

申诉类型：退货

申诉类型是否适用三包规定：不适用

申诉涉及部件：发动机曲轴

2015年9月23日在郑先生在某4S店购买了一辆轿车，购车发票及三包凭证齐全，2016年5月31日行驶8 838km后感觉发动机异响，将车开到4S店，经技师诊断故障确实存在，并告知车主响声在发动机的内部需要进一步的拆解才能明确故障的正确部位。车主一开始不同意拆解，后经多方努力，进行拆解后发现发动机的曲轴、连杆轴严重损坏。车主认为只买了8个月、跑了8 838km就出现这么严重的问题，理应退车。

案例解析

根据汽车三包规定第十八条：在家用汽车产品保修期内，家用汽车产品出现产品质量问题，消费者凭三包凭证由修理者免费修理(包括工时费和材料费)。

家用汽车产品自销售者开具购车发票之日起60日内或者行驶里程3 000千米之内(以先到者为准)，发动机、变速器的主要零件出现产品质量问题的，消费者可以选择免费更换发动机、变速器。发动机、变速器的主要零件的种类范围由生产者明示在三包凭证上，其种类范围应当符合国家相关标准或规定，具体要求由国家质检总局另行规定。

本案例中事故车辆已经超过了可以退车的时间和里程，不满足退车条件，4S店应为车主提供免费修理。

在规定的开具购车发票之日60日内或者行驶里程3 000千米之内(以先到者位准)条件内，如果因发动机主要零部件的产品质量问题导致的故障，消费者有权利要求更换发动机总成。

4.1.19　发动机积炭导致的首次异响只能进行维修处理

关键字：发动机，气缸体，异响，修理，第二十条

申诉时间：2016年10月10日

购车发票时间：2016年1月3日

行驶里程：6 547km

申诉类型：退货

申诉类型是否适用三包规定：不适用

申诉涉及部件：发动机气缸体

2016年1月3日丁小姐在某4S店购买一辆汽车，购车发票及三包凭证齐全，2016年10月10日行驶6 547km后发现在加速行驶时发动机发出"嗒嗒"异响，将车开到4S店。4S店维修人员用内窥镜观察各气缸，发现2缸活塞顶部和气门处有大量的积炭，在发动机做功时产生爆燃，发出"嗒嗒"异响。进一步检查发现2缸存在烧机油的故障，机油明显缺少，燃烧不完全导致在活塞和气门上产生大量的积炭，产生爆燃引起加速时异响。车主认为是发动机内部故障，要求退车。

案例解析

根据汽车三包规定第二十条：在家用汽车产品三包有效期内，符合本规定更换、退货条件的，消费者凭三包凭证、购车发票等由销售者更换、退货。

家用汽车产品自销售者开具购车发票之日起60日内或者行驶里程3 000千米之内(以先到者为准)，家用汽车产品出现转向系统失效、制动系统失效、车身开裂或燃油泄漏，消费者选择更换家用汽车产品或退货的，销售者应当负责免费更换或

退货。

在家用汽车产品三包有效期内，发生下列情况之一，消费者选择更换或退货的，销售者应当负责更换或退货：

（一）因严重安全性能故障累计进行了2次修理，严重安全性能故障仍未排除或者又出现新的严重安全性能故障的；

（二）发动机、变速器累计更换2次后，或者发动机、变速器的同一主要零件因其质量问题，累计更换2次后，仍不能正常使用的，发动机、变速器与其主要零件更换次数不重复计算。

本案例中，车辆出现问题后，4S店是进行第一次维修，尚不符合退车条件，如因同一问题，对该发动机维修2次以上不能彻底解决故障，那就应该给车更换或退车。

专家点评

三包有效期内，发动机首次故障，应先维修处理。

4.1.20 发动机缸体漏油不一定更换总成

关键字：发动机，缸体，漏油，维修，第十八条、第二十条

申诉时间：2015年5月26日

购车发票时间：2014年9月28日

行驶里程：6 890km

申诉类型：退货

申诉类型是否适用三包规定：不适用

申诉涉及部件：发动机缸体

2014年9月28日常女士在某4S店购买了一辆汽车，购车发票及三包凭证齐全，2015年5月26日行驶6 890km时发现发动机漏油。经4S店维修人员检查确认是发动机缸体漏油，更换缸体或者发动机总成即可解决问题。但车主不同意，坚持要求退车。

案例解析

根据汽车三包规定第二十条：在家用汽车产品三包有效期内，符合本规定更换、退货条件的，消费者凭三包凭证、购车发票等由销售者更换、退货。

家用汽车产品自销售者开具购车发票之日起60日内或者行驶里程3 000千米之内(以先到者为准)，家用汽车产品出现转向系统失效、制动系统失效、车身开裂或燃油泄漏，消费者选择更换家用汽车产品或退货的，销售者应当负责免费更换或退货。

在家用汽车产品三包有效期内，发生下列情况之一，消费者选择更换或退货的，销售者应当负责更换或退货：

(一) 因严重安全性能故障累计进行了2次修理，严重安全性能故障仍未排除或者又出现新的严重安全性能故障的；

(二) 发动机、变速器累计更换2次后，或者发动机、变速器的同一主要零件因其质量问题，累计更换2次后，仍不能正常使用的，发动机、变速器与其主要零件更换次数不重复计算。

根据汽车三包规定第十八条：在家用汽车产品保修期内，家用汽车产品出现产品质量问题，消费者凭三包凭证由修理者免费修理(包括工时费和材料费)。

家用汽车产品自销售者开具购车发票之日起60日内或者行驶里程3 000千米之内(以先到者为准)，发动机、变速器的主要零件出现产品质量问题的，消费者可以选择免费更换发动机、变速器。发动机、变速器的主要零件的种类范围由生产者明示在三包凭证上，其种类范围应当符合国家相关标准或规定，具体要求由国家质检总局另行规定。

本案例中，车辆虽然出现发动机漏油故障，但该发动机还未维修或者更换过，不满足退换条件。该故障车辆使用日期超过60日、里程超过3 000km，也不能满足更换发动机总成的条件。故仅能进行免费的修理。

专家点评

消费者要正确理解三包规定中退货、更换、修理对应的各种时间/里程条件。

4.1.21　发动机可变正时执行器故障可维修

关键词：VVT执行器，发动机可变正时执行器，发动机故障灯亮，第二十条

申诉时间：2016年10月4日

购车发票时间：2016年9月16日

行驶里程：446km

申诉类型：退货

申诉类型是否适用三包规定：不适用

申诉涉及部件：发动机类可变正时执行器

2016年9月16日，张先生购买某品牌轿车一辆，购车发票及三包凭证齐全。同年10月3日客户反映国庆假期驾车出去游玩，在行驶过程中发动机故障灯点亮。车辆出现问题后，客户首先联系南阳工作人员，由于车辆在外地，工作人员建议去就近马自达4S店检查。在商丘店检查一天后未明确故障点，客户强烈要求回南阳检修。经销商在与厂家沟通协商后，同意用拖车将其运回南阳。

接到车辆后，启动车辆后发动机故障灯点亮、怠速平稳，用IDS测得故障码P0012：00(电动可变正时电机控制过度延迟)。针对P0012故障的可能原因有：

(1) 线路故障；

(2) 电动可变正时电机/驱动器故障；

(3) 电动可变正时电机继电器故障；

(4) 电动可变正时电机执行器故障(卡在滞后位置)；

(5) 正时链条故障(松动或组装不良)；

(6) CMP/CKP传感器监测错误；

(7) PCM故障。

经过对正时系统相关线路检查，未发现故障；由于该车行驶千米数较少，客户不让拆卸发动机上的相关辅件(如机脚、正时电机)检查，维修陷入僵局，反复与客户沟通承诺，客户才勉强同意只让拆卸正时电机检测，将客户车辆的正时电机与同配置的试驾车正时电机进行调换，结果试驾车运转正常，无故障；将试驾车PCM与客户车辆进行兑换验证，未发现故障；至此，除发动机正时电机执行器以外的零件

已排查完毕，需要拆下执行器检查，但此时客户的情绪也火爆到了极点，将车门上锁，把钥匙带走了，并坚决要求退车。汇总检测的信息分析，可变正时执行器异常卡滞导致故障的可能性最大。经销商认为基本可以确定是可变正时执行器故障，且不属于三包明示的发动机主要零部件，可以通过更换执行器总成排除故障。

案例解析

根据汽车三包规定第二十条：在家用汽车产品三包有效期内，符合本规定更换、退货条件的，消费者凭三包凭证、购车发票等由销售者更换、退货。

家用汽车产品自销售者开具购车发票之日起60日内或者行驶里程3 000千米之内(以先到者为准)，家用汽车产品出现转向系统失效、制动系统失效、车身开裂或燃油泄漏，消费者选择更换家用汽车产品或退货的，销售者应当负责免费更换或退货。

在家用汽车产品三包有效期内，发生下列情况之一，消费者选择更换或退货的，销售者应当负责更换或退货：

(一) 因严重安全性能故障累计进行了2次修理，严重安全性能故障仍未排除或者又出现新的严重安全性能故障的；

(二) 发动机、变速器累计更换2次后，或者发动机、变速器的同一主要零件因其质量问题，累计更换2次后，仍不能正常使用的，发动机、变速器与其主要零件更换次数不重复计算。

可变正时执行器虽然没有明示在三包手册中，但属于配气机构的一部分，发生故障会导致发动机无法正常工作，车辆无法行驶。本案例中发动机故障不适用第二十条退换车，按照规定，经销商应该给予维修处理。

专家点评

按照三包规定第十八条，只要符合规定的故障，消费者凭三包凭证由修理者免费修理(包括工时费和材料费)，既然满足修理条件了，就不能适用退货处理。

4.1.22 发动机漏机油可进行免费维修处理

关键词：发动机，退货，漏机油，第十八条

申诉时间：2016年10月20日

购车发票时间：2016年5月16日

行驶里程：10 500km

申诉类型：退货

申诉类型是否适用三包规定：不适用

申诉涉及部件：发动机类漏机油

2016年5月16日，黄先生在某4S店购买了一辆骐达轿车，购车发票及三包凭证齐全。2016年7月份去4S店进行第二次常规保养需更换机油，行驶里程为4 900千米，在车辆检查时发现发动机下部有机油滴漏现象，当时4S店也没查明原因，只做了发动机外表清洗，让客户行驶一段时间后再回店检查，但后期客户一直没回厂检查过，也没有发现有漏油现象。2016年10月20日，客户再次回店做1万千米保养时发现发动机内部机油缺少较严重，已低于油标尺下刻度线，因行驶里程才1万千米就出现这种现象，客户无法接受，要求退车。销售商表示，第二次保养时确实发现发动机内部机油缺少，一下也没法查明原因，客户也不同意拆检，只是要求直接更换车辆，需要与客户进一步协商处理。

案例解析

根据汽车三包规定第十八条：在家用汽车产品保修期内，家用汽车产品出现产品质量问题，消费者凭三包凭证由修理者免费修理(包括工时费和材料费)。

家用汽车产品自销售者开具购车发票之日起60日内或者行驶里程3 000千米之内(以先到者为准)，发动机、变速器的主要零件出现产品质量问题的，消费者可以选择免费更换发动机、变速器。发动机、变速器的主要零件的种类范围由生产者明示在三包凭证上，其种类范围应当符合国家相关标准或规定，具体要求由国家质检总局另行规定。

该车辆确实出现了发动机机油缺少的现象，但第一次只是外表漏油，第二次是内部缺油，且里程和时间都超出三包退车的期限，均不符合退车的条件。维修企业进行维修修复是正确的。

专家点评

因用户车辆超时超里程数，并且缺油的故障原因尚不明确，按照三包相关规定，销售者可以不予退车，而采取维修方式解决。

4.1.23　发动机功率下降可维修

关键词：发动机，非主要零件，退货，发动机功率下降，第十八条

申诉时间：2016年7月18日

购车发票时间：2016年6月24日

行驶里程：1 832km

申诉类型：退货

申诉类型是否适用三包规定：不适用

申诉涉及部件：发动机燃油积水传感器

2016年6月24日，吴先生在某4S店购买了一辆某品牌轿车，购车发票及三包凭证齐全。2016年7月18日，出现发动机动力不足现象，发动机转速只能达到1 500转，将车开到4S店。4S店和车主协商后，决定先检查车。技师通过仪表EDC故障灯及发动机转速只能达到1 500转判断车辆由于某些故障进入限扭的工况，现场解码P2265，判断由于燃油积水传感器报警造成；进一步检查发现燃油并没有进水，可能是传感器损坏造成该故障。

通过万用表进一步检查发现传感器1号电源和3号接地都正常，然后测量传感器2号和3号导通，应该是传感器内部击穿造成的。

经过技师确认，4S店认为该故障是零部件质量问题造成发动机功率下降，车主认为新车发动机动力就有问题，应退车。

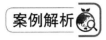

案例解析

　　根据汽车三包规定第十八条：在家用汽车产品保修期内，家用汽车产品出现产品质量问题，消费者凭三包凭证由修理者免费修理(包括工时费和材料费)。

　　家用汽车产品自销售者开具购车发票之日起60日内或者行驶里程3 000千米之内(以先到者为准)，发动机、变速器的主要零件出现产品质量问题的，消费者可以选择免费更换发动机、变速器。发动机、变速器的主要零件的种类范围由生产者明示在三包凭证上，其种类范围应当符合国家相关标准或规定，具体要求由国家质检总局另行规定。

　　本案例已经明确，由于发动机燃油积水传感器信号线路短路造成的，经过更换该传感器后恢复了发动机性能，虽然时间和里程符合退车条件，但不满足退车的其他条件。因此由于传感器质量问题导致的车辆发动机无力，根据三包规定，应当按照维修处理。

专家点评

　　传感器属于发动机非主要零部件，对于发动机非主要零部件类别的产品质量问题，其不适用于汽车三包第十八条规定的更换发动机或退车的条件，因而可采取维修的方式解决。

4.1.24　发动机点火线圈故障只能维修

关键词：发动机，点火线圈，更换点火线圈，加速抖动，第十八条

申诉时间：2016年10月4日

购车发票时间：2016年8月12日

行驶里程：1 376km

申诉类型：更换发动机

申诉类型是否适用三包规定：不适用

申诉涉及部件：发动机点火线圈

2016年8月12日，车主胡先生在某4S店购买一辆科鲁兹掀背轿车，购车发票及三包凭证齐全。2016年10月4日，车子在行驶途中出现加速抖动。车主将车开到4S店要求换车。4S店对车辆进行检查，经过检查为发动机点火线圈故障，发动机其中有一缸缺火。4S店认为更换点火线圈可以排除故障。车主认为车才行驶不到两个月发动机就出现故障，要求换车。

案例解析

根据汽车三包规定第十八条：在家用汽车产品保修期内，家用汽车产品出现产品质量问题，消费者凭三包凭证由修理者免费修理(包括工时费和材料费)。

家用汽车产品自销售者开具购车发票之日起60日内或者行驶里程3 000千米之内(以先到者为准)，发动机、变速器的主要零件出现产品质量问题的，消费者可以选择免费更换发动机、变速器。发动机、变速器的主要零件的种类范围由生产者明示在三包凭证上，其种类范围应当符合国家相关标准或规定，具体要求由国家质检总局另行规定。

该案例中，虽然汽车使用的历程和时间符合更换发动机的条件，但点火线圈不属于发动机重要部件范围之内，点火线圈属保修范围内，故不适用三包换车条件。

专家点评

点火线圈不属于发动机主要零件，对于不在发动机主要零件种类范围内，出现质量问题的，根据三包规定，经营者应该承担维修的责任。

4.1.25　发动机喷油嘴故障不符合更换要求

关键词：发动机，喷油嘴故障，不能提供动力，第十八条

申诉时间：2015年8月10日

购车发票时间：2014年9月18日

行驶里程：8 350km

申诉类型：更换

申诉类型是否适用三包规定：不适用

申诉涉及部件：喷油嘴

2014年9月18日，扬中市王女生在某4S店购买了一辆家用轿车，购车发票及三包凭证齐全。2015年8月10日，出现发动机不能提供动力故障。打电话向4S店联系，其相关人员表示，加的燃油有问题，重新换油就好。王女士听后就按4S店的要求重新加油，可是开了一段时间，汽车频繁出现发动机不能提供动力故障，最后不能开。王女士认为是发动机不好，要求4S店更换车。4S店和车主协商后，决定先检查车。经技师诊断发现，该车其中一缸喷油嘴损坏。同时通过查询车主保养记录，发现该车没有按维修保养手册做保养。4S店认为车主没有按期在4S店做保养，因使用不当造成故障，并且故障可通过维修解决，不需要更换车。

案例解析

根据汽车三包规定第十八条：在家用汽车产品保修期内，家用汽车产品出现产品质量问题，消费者凭三包凭证由修理者免费修理(包括工时费和材料费)。

家用汽车产品自销售者开具购车发票之日起60日内或者行驶里程3 000千米之内(以先到者为准)，发动机、变速器的主要零件出现产品质量问题的，消费者可以选择免费更换发动机、变速器。发动机、变速器的主要零件的种类范围由生产者明示在三包凭证上，其种类范围应当符合国家相关标准或规定，具体要求由国家质检总局另行规定。

该车主购买车确实出现该故障，但不是发动机主要零件的原因，故不适用于三包规定的换车条件，且该故障原因并非由于未按期保养引起，故不适应三包规定的第三十条第五款免责条款，应根据三包规定的第十八条执行。

专家点评

该案例能指导广大车主在由于喷油嘴等非发动机主要部件发生质量问题情况下，采用更换喷油嘴的方式处理，有一定指导意义。

4.1.26 发动机喷油嘴泄漏故障不能退车

关键词：喷油嘴，更换车辆，汽油从排气管排出，第20条

申诉时间：2015年6月19日

购车发票时间：2015年5月19日

行驶里程：1 764km

申诉类型：退货

申诉类型是否适用三包规定：不适用

申诉涉及部件：喷油嘴

2015年5月19日，耿先生在某4S店购买某型汽车1.4T一辆，购车发票及三包凭证齐全。同年6月19日发现车辆行驶抖动，排气管冒白烟，伴有汽油从排气管排出。打电话到4S店，要求救援，维修技师到达现场后，确认故障现象，并将车拖回4S店。通过多次和耿先生沟通，其同意拆检。同年8月28日，由发动机厂方技术专家、主机厂质保部主管、主机厂区域现场代表、4S店技术经理、三包专家、耿先生及其朋友现场参与故障检查。经检查为发动机第三缸喷油嘴常开导致的故障，属于质量问题。耿先生以该车问题在三包法规定中属燃油泄漏涉及生命安全为由，强烈要求退换车。主机厂及发动机厂专家认为，三包法所规定的燃油泄漏是指外部燃油泄漏，该车为喷油嘴工作不良导致的未经完全燃烧的汽油经排气管排出，属于发动机工作不良，不在三包法所指的燃油泄漏范围，故维修即可。

案例解析

根据汽车三包规定第二十条：在家用汽车产品三包有效期内，符合本规定更换、退货条件的，消费者凭三包凭证、购车发票等由销售者更换、退货。

家用汽车产品自销售者开具购车发票之日起60日内或者行驶里程3 000千米之内(以先到者为准)，家用汽车产品出现转向系统失效、制动系统失效、车身开裂或燃油泄漏，消费者选择更换家用汽车产品或退货的，销售者应当负责免费更换或退货。

该车不适用三包规定第二十条燃油泄漏条款，只是燃油控制方式故障导致的长时间喷油，因而未具备更换车的条件，建议采用最经济的解决方案，双方协商解决。

专家点评

由于案例中的燃油泄漏与三包第二十条规定的燃油泄漏存在差异，汽车三包中的燃油泄漏是指输油管路的泄漏，而非喷油嘴泄漏，也就不具备换车或退货的条件，按照三包规定，此类问题属于维修范畴。

4.1.27 发动机电脑板故障可维修

关键词：故障灯全亮，发动机电脑板，加速无力，第二十条

申诉时间：2016年10月13日

购车发票时间：2016年9月29日

行驶里程：329km

申诉类型：退货

申诉类型是否适用三包规定：不适用

申诉涉及部件：发动机电脑板

2016年9月29日，宿迁吴先生购买了一辆紧凑型SUV，购车发票及三包凭证齐全。加油后出现故障灯全亮，加速无力现象，报修4S店，拖车进店。客户以刚提的新车就出现故障为由，要求退换车。经技师检查该车故障灯全亮、动力不足，由于消费者刚加过油，初步认为加到不符合标准的汽油。清洗油路，重新加注高标准汽油故障依旧。经重新检查，最后发现是发动机电脑板出现问题。4S店认为可以修理，不应退车。

案例解析

根据汽车三包规定第二十条：在家用汽车产品三包有效期内，符合本规定更换、退货条件的，消费者凭三包凭证、购车发票等由销售者更换、退货。

家用汽车产品自销售者开具购车发票之日起60日内或者行驶里程3 000千米之内(以先到者为准)，家用汽车产品出现转向系统失效、制动系统失效、车身开裂或燃油泄漏，消费者选择更换家用汽车产品或退货的，销售者应当负责免费更换或退货。

在家用汽车产品三包有效期内，发生下列情况之一，消费者选择更换或退货的，销售者应当负责更换或退货：

(一) 因严重安全性能故障累计进行了2次修理，严重安全性能故障仍未排除或者又出现新的严重安全性能故障的；

(二) 发动机、变速器累计更换2次后，或者发动机、变速器的同一主要零件因其质量问题，累计更换2次后，仍不能正常使用的，发动机、变速器与其主要零件更换次数不重复计算。

该案例中汽车仍然在可以退换的期限内，但汽车电脑板不是汽车退换的必要条件，不适用此项规定，虽然时间、里程符合，其他条件不符合更换或退车要求，因此只能进行维修处理。由于汽车ECU不易维修，进行ECU更换也符合要求。

专家点评

对于发动机电脑板这类产品出现质量问题，由于这类产品不属于主要零部件，也就不适用更换或退货。按照三包规定，经销商可以对故障进行维修处理。

4.1.28　发动机车身线束导致熄火可修理

关键词：发动机车身线束，熄火，无法启动，第二十条

申诉时间：2015年3月7日

购车发票时间：2013年10月22日

行驶里程：8 700km

申诉类型：退货

申诉类型是否适用三包规定：不适用

申诉涉及部件：车身线束

2013年10月22日，陈先生在某4S店购买了一辆N5轿车，购车发票及三包凭证齐全。2014年8月份，在行驶到苏州高速收费口时突然发生发动机熄火现象，回4S店进行检修，4S店检查后未发现明显故障点，但为了安抚客户就给车辆更换了电脑主机。该车从2014年8月份第一次发生熄火故障检修后到2015年2月期间又出现了2次

类似故障，每次检修都无法查明原因。

2015年2月份在浙江杭州高速服务区再次出现发动机突然熄火的现象并且无法再次启动，致电4S店，4S店派出技术人员赴杭州现场去检修，但到达现场检查后未发现故障点，技术人员到达现场后一下就能够启动，而且发动机能够正常运转，陪同客户长途试车也没出现类似故障。客户回4S店后以发动机间歇性故障丢失动力给其本人造成了心理恐慌，并且修了这么多次都无法修复，以后不敢再开这样的车为由向4S提出更换或退车。

4S店认为每次都积极帮助客户及时处理，并且针对故障现象主动更换了一些可能造成该故障的相关零部件；因为是间歇性故障，这给检修带来了很大的困难，但4S店坚持只可通过维修解决问题，不能退换车。

案例解析

按照汽车三包规定第二十条：在家用汽车产品三包有效期内，符合本规定更换、退货条件的，消费者凭三包凭证、购车发票等由销售者更换、退货。

家用汽车产品自销售者开具购车发票之日起60日内或者行驶里程3 000千米之内(以先到者为准)，家用汽车产品出现转向系统失效、制动系统失效、车身开裂或燃油泄漏，消费者选择更换家用汽车产品或退货的，销售者应当负责免费更换或退货。

在家用汽车产品三包有效期内，发生下列情况之一，消费者选择更换或退货的，销售者应当负责更换或退货：

(一) 因严重安全性能故障累计进行了2次修理，严重安全性能故障仍未排除或者又出现新的严重安全性能故障的；

(二) 发动机、变速器累计更换2次后，或者发动机、变速器的同一主要零件因其质量问题，累计更换2次后，仍不能正常使用的，发动机、变速器与其主要零件更换次数不重复计算。

该案例中，汽车的故障确实比较严重，造成的原因也不是很明确。但都不能归结到汽车退换的范畴，根据客户车辆所发生的问题，结合三包规定，其中并没有具体条款能够应用符合客户提出的退换车要求，并且造成故障的原因也并非为规定内所指定的安全部件。故进行维修处理符合汽车三包规定。

专家点评

不在三包规定的目录零件内，出现的故障只能进行维修处理。

4.1.29　未按说明书正确使用导致损坏不适用三包规定

关键词：使用说明书，涡轮增压器，时快时慢，第三十条

申诉时间：2016年8月22日

购车发票时间：2016年7月22日

行驶里程：2 100km

申诉类型：退货

申诉类型是否适用三包规定：不适用

申诉涉及部件：涡轮增压器

2016年7月22日，陈先生在某4S店购买了一辆家用轿车，购车发票及三包凭证齐全。2016年8月22日，感觉车辆时快时慢，平顺性差。将车开到4S店，抱怨强烈，要求退车。和用户沟通，询问故障发生时间。用户描述几天前下过暴雨后就有该现象。4S店和车主协商后，决定先检查车。经技师诊断，现场解码P2563，初步判断由于传感器反馈涡轮增压器开度信号错误造成；现场拆解涡轮增压器发现真空气室及位置反馈传感器进水。进一步检查发现车辆有涉水痕迹，并且水位痕迹超出了正常高度，导致涡轮增压器位置反馈传感器进水，同时造成发动机ECU对涡轮增压器位置反馈信号的错误接收，从而造成限扭矩。4S店认为该故障是用户使用车辆不当造成零部件损坏，不应退车。

案例解析

根据汽车三包规定第三十条：在家用汽车产品保修期和三包有效期内，存在下列情形之一的，经营者对所涉及产品质量问题，可以不承担本规定所规定的三包责任。

(一) 消费者所购家用汽车产品已被书面告知存在瑕疵的;

(二) 家用汽车产品用于出租或者其他营运目的的;

(三) 使用说明书中明示不得改装、调整、拆卸,但消费者自行改装、调整、拆卸而造成损坏的;

(四) 发生产品质量问题,消费者自行处置不当而造成损坏的;

(五) 因消费者未按照使用说明书要求正确使用、维护、修理产品,而造成损坏的;

(六) 因不可抗力造成损坏的。

该车的行驶里程和使用时间均符合退换的要求,车辆限制动力是事实,但是消费者未正确使用车辆造成涡轮增压器传感器进水,才造成反馈信号错误;不是汽车本身质量问题,而是消费者使用方式不当的问题。因此该车造成的故障只能由使用者承担。

专家点评

消费者要按照使用说明书的相关要求进行使用和维护保养,同时关注销售者是否明确提醒消费者阅读安全注意事项。

4.1.30　发动机曲轴油封损坏不能更换发动机

关键词:密封性,发动机渗油,第十八条

申诉时间:2016年9月13日

购车发票时间:2016年7月19日

行驶里程:5 135km

申诉类型:更换(发动机)

申诉类型是否适用三包规定:不适用

申诉涉及部件:曲轴油封

2016年7月19日,王先生于上海某4S店购买了一辆都市SUV,购车发票及三包凭证齐全。8月20日,客户向经销商反映发动机渗油,经销商检查确认由于气门室罩盖密封垫处渗油导致,因此免费为客户更换了气门室罩盖密封垫以及机油。车辆行驶至5 135千米时，客户仍反映发动机渗油，并于9月10日至经销商处要求更换发动机总成。经销商经拆检确认第二次为曲轴箱后油封处漏油，并与观致技术部确认维修方案为"更换曲轴箱后油封"，因此4S店认为更换曲轴箱后油封可解决故障。客户认为是刚购买的新车，不接受发动机维修；且第一次渗油发生在60日/3 000千米之内，在不到60日的保修期内再次出现渗油问题，因此要求更换发动机总成。

案例解析

根据汽车三包规定第十八条：在家用汽车产品保修期内，家用汽车产品出现产品质量问题，消费者凭三包凭证由修理者免费修理(包括工时费和材料费)。

家用汽车产品自销售者开具购车发票之日起60日内或者行驶里程3 000千米之内(以先到者为准)，发动机、变速器的主要零件出现产品质量问题的，消费者可以选择免费更换发动机、变速器。发动机、变速器的主要零件的种类范围由生产者明示在三包凭证上，其种类范围应当符合国家相关标准或规定，具体要求由国家质检总局另行规定。

该案例初次出现故障确实在有效的退换期限内，之后又出现同样的问题，但已经超出退换期限，并且修理次数等其他条件又不符合退换条件，因此不能退换是有道理的，也只能按照维修来处理。同时由于密封件不属于发动机主要零部件，因此不适用三包更换发动机。

专家点评

气门室罩盖密封垫和曲轴后油封渗油属于密封性存在问题，由于垫圈和油封不属于主要零件种类范围，按照三包规定，消费者可以提出免费维修的要求。

4.1.31　电子节气门故障适用维修方案

关键词：非严重安全性能故障，进气失控，行驶顿挫，第二十条

申诉时间：2016年10月22日

购车发票时间：2016年9月18日

行驶里程：810km

申诉类型：退货

申诉类型是否适用三包规定：不适用

申诉涉及部件：电子节气门

2016年9月18日，杨先生在某4S店购买了一辆家用轿车，购车发票及三包凭证齐全。2016年10月22日，感觉行驶时有顿挫感，故障灯亮起，将车开到4S店。4S店和车主协商后，决定先检查车。经技师诊断，发现故障原因是电子节气门故障，造成进气失控，出现行驶中的顿挫现象。车主认为，车刚买不到一个月，行车就出现这一问题，出现突然加速或减速，有安全隐患，要求退车。4S店认为该故障原因不在规定的退货更换范围，可以免费更换电子节气门解决问题，不应退车。

案例解析

根据汽车三包规定第二十条：在家用汽车产品三包有效期内，符合本规定更换、退货条件的，消费者凭三包凭证、购车发票等由销售者更换、退货。

家用汽车产品自销售者开具购车发票之日起60日内或者行驶里程3 000千米之内(以先到者为准)，家用汽车产品出现转向系统失效、制动系统失效、车身开裂或燃油泄漏，消费者选择更换家用汽车产品或退货的，销售者应当负责免费更换或退货。

在家用汽车产品三包有效期内，发生下列情况之一，消费者选择更换或退货的，销售者应当负责更换或退货：

(一) 因严重安全性能故障累计进行了2次修理，严重安全性能故障仍未排除或者又出现新的严重安全性能故障的；

(二) 发动机、变速器累计更换2次后，或者发动机、变速器的同一主要零件因其质量问题，累计更换2次后，仍不能正常使用的，发动机、变速器与其主要零件更换次数不重复计算。

该车主购买车确实出现该故障，但出现的问题不在规定的更换或退货范围，按照三包规定，销售者应进行维修，更换一个新的电子节气门。

 **专家点评**

电子节气门不属于主要零件种类范围。对于非主要零件出现质量问题，不适用于三包更换车，按照三包规定，需要进行维修。

4.1.32　发动机电脑故障可以维修解决

关键词：免费修理，发动机控制单元，车辆熄火，第十八条

申诉时间：2016年8月26日

购车发票时间：2016年8月25日

行驶里程：25km

申诉类型：退货

申诉类型是否适用三包规定：不适用

申诉涉及部件：发动机控制单元

2016年8月25日，李先生在某4S店购买了一辆家用轿车，购车发票及三包凭证齐全。2016年8月26日，在去上牌的路上，出现传动系统报警，车辆熄火后无法启动，新车就出现抛锚的现象，实在没有办法接受，车主将车拖到卖车的4S店，要求退车。4S店和车主协商后，决定先检查车。经技师诊断故障，发现原因是发动机控制单元的问题，订货需要15天的时间，可以给车主免费更换。车主认为新车出现发动机电脑的故障，应该退车；4S店认为发动机电脑不是主要零部件，不应退车。

案例解析

根据汽车三包规定第十八条：在家用汽车产品保修期内，家用汽车产品出现产品质量问题，消费者凭三包凭证由修理者免费修理(包括工时费和材料费)。

家用汽车产品自销售者开具购车发票之日起60日内或者行驶里程3 000千米之内(以先到者为准)，发动机、变速器的主要零件出现产品质量问题的，消费者可以选择免费更换发动机、变速器。发动机、变速器的主要零件的种类范围由生产者明示在三包凭证上，其种类范围应当符合国家相关标准或规定，具体要求由国家质检总局另行规定。

该车行驶里程和时间符合退换车条件，但该车出现故障的原因，是由汽车ECU的原因造成，由于发动机电脑不属于发动机主要部件，故不适用三包规定更换车条款，应进行维修。

专家点评

对于发动机中非主要零件出现产品质量问题的，按照三包规定，不适用退换条件，只能进行维修处理。

4.1.33　发动机拉缸导致烧机油适用维修方案

关键词：发动机，缸体，烧机油，第十八条、第二十条

申诉时间：2014年12月3日

购车发票时间：2014年1月26日

行驶里程：10 378km

申诉类型：更换发动机总成

申诉类型是否适用三包规定：不适用

申诉涉及部件：发动机缸体

2014年1月26日，王先生购买某4S店一辆家用轿车，购车发票及三包凭证齐全。同年12月3日，王先生发现发动机有烧机油现象，跟4S店联系，4S店提出拆检维修。经过4S店技术人员拆检发现，发动机中有3个缸内出现不明原因的严重拉缸现象。王先生以车在保修期内为由，提出更换发动机总成，而4S店认为故障属于车主使用不当造成，不给予更换发动机总成。

案例解析

根据汽车三包第十八条：在家用汽车产品保修期内，家用汽车产品出现产品质量问题，消费者凭三包凭证由修理者免费修理(包括工时费和材料费)。

家用汽车产品自销售者开具购车发票之日起60日内或者行驶里程3 000千米之内

(以先到者为准)，发动机、变速器的主要零件出现产品质量问题的，消费者可以选择免费更换发动机、变速器。发动机、变速器的主要零件的种类范围由生产者明示在三包凭证上，其种类范围应当符合国家相关标准或规定，具体要求由国家质检总局另行规定。

同时第二十条规定，家用汽车产品三包有效期内，符合本规定更换、退货条件的，消费者凭三包凭证、购车发票等由销售者更换、退货。

家用汽车产品自销售者开具购车发票之日起60日内或者行驶里程3 000千米之内(以先到者为准)，家用汽车产品出现转向系统失效、制动系统失效、车身开裂或燃油泄漏，消费者选择更换家用汽车产品或退货的，销售者应当负责免费更换或退货。

在家用汽车产品三包有效期内，发生下列情况之一，消费者选择更换或退货的，销售者应当负责更换或退货：

(一) 因严重安全性能故障累计进行了2次修理，严重安全性能故障仍未排除或者又出现新的严重安全性能故障的；

(二) 发动机、变速器累计更换2次后，或者发动机、变速器的同一主要零件因其质量问题，累计更换2次后，仍不能正常使用的，发动机、变速器与其主要零件更换次数不重复计算；

按照以上规定可以看出，从购车之日起60日或3 000千米内，发动机或变速箱主要零件出现产品质量问题的，可以进行更换发动机或变速箱；虽然该车的故障很严重，但该车使用的时间和里程已经超出范围，也不符合严重安全故障范畴，且修理1次即可恢复发动机性能，故不适用于更换发动机，消费者可以要求维修处理。

专家点评

根据拆检结果，故障属于产品质量问题。由于车辆已经超过60日的免费更换时间，因此只能进行免费维修处理。

4.1.34　发动机气缸破坏可以更换总成

关键词：发动机通底，漏机油，怠速熄火，第二十条、第十八条

申诉时间：2015年5月16日

购车发票时间：2015年3月21日

行驶里程：2 673km

申诉类型：更换总成

申诉类型是否适用三包规定：适用

申诉涉及部件：发动机连杆

2015年3月21日，张先生购买某品牌一辆家用轿车，购车发票及三包凭证齐全。2015年5月16日，张先生准备驾车到工地，还没放下手刹在怠速时出现熄火现象，打火打不着，张先生接连打了多次依然无法启动。下车发现车在漏机油。联系4S店派维修人员现场进行检查，由于现场无相关设备，最终将车拖回店里。经过检查发现缸体4缸处破了个洞，连杆断裂。车主认为发动机出现严重故障，要求退车或更换发动机总成，而4S店以人为所致拒绝退车。

案例解析

按照汽车三包第十八条：在家用汽车产品保修期内，家用汽车产品出现产品质量问题，消费者凭三包凭证由修理者免费修理(包括工时费和材料费)。

家用汽车产品自销售者开具购车发票之日起60日内或者行驶里程3 000千米之内(以先到者为准)，发动机、变速器的主要零件出现产品质量问题的，消费者可以选择免费更换发动机、变速器。发动机、变速器的主要零件的种类范围由生产者明示在三包凭证上，其种类范围应当符合国家相关标准或规定，具体要求由国家质检总局另行规定。

由于双方产生争执，最终申请专家鉴定。通过专家对发动机的鉴定，原因为连杆的断裂导致缸体破损，这是由于产品的质量缺陷造成的。

根据第二十条：在家用汽车产品三包有效期内，发生下列情况之一，消费者选择更换或退货的，销售者应当负责更换或退货：

(一) 因严重安全性能故障累计进行了2次修理，严重安全性能故障仍未排除或者又出现新的严重安全性能故障的；

(二) 发动机、变速器累计更换2次后，或者发动机、变速器的同一主要零件因其质量问题，累计更换2次后，仍不能正常使用的，发动机、变速器与其主要零件更换次数不重复计算。

虽然连杆属于发动机主要零部件，但其不满足第二十条退换车要求，可以进行发动机总成更换，故销售商应该按照十八条进行发动机总成更换。

 **专家点评**

对于发动机主要零部件出现产品质量问题造成故障的，不适用退换车，根据三包规定，销售商应该进行总成更换。

 ## 4.2　汽车变速器案例分析

4.2.1　变速器齿轮在三包期内发生偏移可更换总成

关键词：变速器，齿轮，更换总成，车身抖动，第十八条

申诉时间：2015年9月16日

购车发票时间：2015年7月28日

行驶里程：2 260km

申诉类型：退货

申诉类型是否适用三包规定：不适用

申诉涉及部件：变速器齿轮

2015年7月28日，马小姐在某汽车销售公司购买一辆福克斯CAF7163N4型汽车，购车发票及三包凭证齐全。2015年9月16日行驶2 260km后感觉车身抖动、无法换挡，将车拖到4S店，要求退车。4S店和车主协商后，决定先检查车、诊断故障原因，后经技师诊断故障确实存在，发现并告知车主原因是变速箱齿轮错位。车主认为是变速箱质量问题，应更换变速箱。4S店则认为可以修理解决问题，不应更换变速箱。

案例解析

根据汽车三包规定第十八条：在家用汽车产品保修期内，家用汽车产品出现产品质量问题，消费者凭三包凭证由修理者免费修理(包括工时费和材料费)。

家用汽车产品自销售者开具购车发票之日起60日内或者行驶里程3 000千米之内(以先到者为准)，发动机、变速器的主要零件出现产品质量问题的，消费者可以选择免费更换发动机、变速器。发动机、变速器的主要零件的种类范围由生产者明示在三包凭证上，其种类范围应当符合国家相关标准或规定，具体要求由国家质检总局另行规定。

本案例中，齿轮属于变速器的主要零件，同时在三包规定的有效期内确实出现变速箱主要零件故障，消费者可以选择免费更换变速器。

专家点评

变速器主要零部件出现质量问题，在三包规定期限内可以更换变速器总成，但不满足换车要求。

4.2.2 变速器油封渗油保修期内可维修处理

关键词：变速器，前油封，更换油封，漏油，第十八条、第二十条

申诉时间：2015年12月4日

购车发票时间：2015年7月21日

行驶里程：15 189km

申诉类型：退货

申诉类型是否适用三包规定：不适用

申诉涉及部件：变速器箱体(油封)

2015年7月21日，蒋先生在连云港某汽车销售服务有限公司购买一台新款CRV，购车发票及三包凭证齐全。12月4日车辆行驶15 189千米后，车主向该4S店反映变速箱出现渗油现象，并要求更换新车或退全款(包含上牌、保险等所有费用)。

经过4S店技师检查，确认变速箱前油封渗油现象。4S店认为油封渗油不属于变速箱主要零部件质量问题，达不到换新车或退全款标准，仅需更换变速箱前油封即可，所以不同意车主的要求。

案例解析

　　根据汽车三包规定第十八条：在家用汽车产品保修期内，家用汽车产品出现产品质量问题，消费者凭三包凭证由修理者免费修理(包括工时费和材料费)。

　　家用汽车产品自销售者开具购车发票之日起60日内或者行驶里程3 000千米之内(以先到者为准)，发动机、变速器的主要零件出现产品质量问题的，消费者可以选择免费更换发动机、变速器。发动机、变速器的主要零件的种类范围由生产者明示在三包凭证上，其种类范围应当符合国家相关标准或规定，具体要求由国家质检总局另行规定。

　　第二十条规定：在家用汽车产品三包有效期内，符合本规定更换、退货条件的，消费者凭三包凭证、购车发票等由销售者更换、退货。

　　家用汽车产品自销售者开具购车发票之日起60日内或者行驶里程3 000千米之内(以先到者为准)，家用汽车产品出现转向系统失效、制动系统失效、车身开裂或燃油泄漏，消费者选择更换家用汽车产品或退货的，销售者应当负责免费更换或退货。

　　在家用汽车产品三包有效期内，发生下列情况之一，消费者选择更换或退货的，销售者应当负责更换或退货：

　　(一) 因严重安全性能故障累计进行了2次修理，严重安全性能故障仍未排除或者又出现新的严重安全性能故障的；

　　(二) 发动机、变速器累计更换2次后，或者发动机、变速器的同一主要零件因其质量问题，累计更换2次后，仍不能正常使用的，发动机、变速器与其主要零件更换次数不重复计算；

　　(三) 转向系统、制动系统、悬架系统、前/后桥、车身的同一主要零件因其质量问题，累计更换2次后，仍不能正常使用的。

　　本案例中的车辆首次出现变速箱前油封渗油问题，不属于发动机/变速箱主要部件出现质量问题，且已超过60日或3 000千米，所以不支持免费更换发动机和变速箱，也不满足更换新车或退全款要求。

专家点评

　　变速箱故障类型很多，只有主要零部件出现质量问题，并且在三包规定期限内，才可以更换变速器总成。此外，非主要零部件故障可以通过更换具体零部件进行维修处理。

4.2.3　变速器阀板故障包退包换期内应更换总成

关键词：变速器，机电控制单元，更换总成，挂挡加油不走车，第十八条、第二十条

申诉时间：2016年6月30日

购车发票时间：2016年5月20日

行驶里程：1 925km

申诉类型：退货

申诉类型是否适用三包规定：不适用

申诉涉及部件：变速器箱内动力传动元件

　　2016年5月20日陈先生在某4S店购买了一辆装备DSG的家用轿车，购车发票及三包凭证齐全。2016年6月30日行驶1 925km后出现挡位指示闪烁，挂挡加油不走车现象，车主不能接受维修或更换部件的处理方式，拒绝维修直接要求退、换车。4S店和车主协商后，决定先检查车辆、诊断故障原因，车辆必须先检查确定故障范围才能进行下一步处理。在不解体的前提下检查，初步判断为机电控制单元故障，报厂家技术部门审核确认，技术部批复更换变速箱。车主认为订货期间影响客户使用车辆，要求赔偿交通费用及车辆拆装造成的影响赔偿。4S店认可按规定补偿相应交通费用，车辆拆装损失类补偿不予认可。

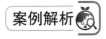案例解析

　　根据汽车三包规定第二十条：在家用汽车产品三包有效期内，符合本规定更

换、退货条件的，消费者凭三包凭证、购车发票等由销售者更换、退货。

家用汽车产品自销售者开具购车发票之日起60日内或者行驶里程3 000千米之内(以先到者为准)，家用汽车产品出现转向系统失效、制动系统失效、车身开裂或燃油泄漏，消费者选择更换家用汽车产品或退货的，销售者应当负责免费更换或退货。

在家用汽车产品三包有效期内，发生下列情况之一，消费者选择更换或退货的，销售者应当负责更换或退货：

(一) 因严重安全性能故障累计进行了2次修理，严重安全性能故障仍未排除或者又出现新的严重安全性能故障的；

(二) 发动机、变速器累计更换2次后，或者发动机、变速器的同一主要零件因其质量问题，累计更换2次后，仍不能正常使用的，发动机、变速器与其主要零件更换次数不重复计算。

第十八条规定：在家用汽车产品保修期内，家用汽车产品出现产品质量问题，消费者凭三包凭证由修理者免费修理(包括工时费和材料费)。

家用汽车产品自销售者开具购车发票之日起60日内或者行驶里程3 000千米之内(以先到者为准)，发动机、变速器的主要零件出现产品质量问题的，消费者可以选择免费更换发动机、变速器。发动机、变速器的主要零件的种类范围由生产者明示在三包凭证上，其种类范围应当符合国家相关标准或规定，具体要求由国家质检总局另行规定。

本案例中的车辆故障不满足换车条件，机电控制单元也涉及变速器机械运转部件，该故障也可以归类到变速器的主要零部件故障，新车出现变速器主要零部件故障，在三包期内可以要求更换变速器总成。

专家点评

变速器主要零部件出现质量问题，并且在三包规定期限内，便可更换变速器总成。

4.2.4　变速器内部机械故障可更换总成

关键词：变速器，挡位离合器打滑，更换总成，加速无力，第十八条

申诉时间：2015年9月21日

购车发票时间：2015年9月4日

行驶里程：1 878km

申诉类型：退货

申诉类型是否适用三包规定：不适用

申诉涉及部件：变速器箱内动力传动元件

2015年9月4日梁小姐在某4S店购买了一辆汽车，购车发票及三包凭证齐全。2015年9月20日行驶了1 878km，突然发动机故障灯亮，侧滑灯亮，车辆加速无力。车辆由经销店拖回，客户要求退车。4S店检查后发现仪表盘发动机故障灯，变速箱故障灯及侧滑灯均点亮，挂D挡加油门车不走，需要非常大的油门车辆才慢慢地往前行驶，倒挡正常。检查中出现的故障码代码为P0731、P0732、P0751、P0780、P1738、P2712，清除故障码后D挡行驶，1挡可以起步但是抖动厉害，踩刹车车身有明显前后窜动现象，用IDS监测，可以发现自动变速箱油压开关在OFF和ON之间不断来回交替。4S店判定为自动变速箱低速离合器打滑故障，建议维修处理。

案例解析

　　根据汽车三包第十八条规定：在家用汽车产品保修期内，家用汽车产品出现产品质量问题，消费者凭三包凭证由修理者免费修理(包括工时费和材料费)。

　　家用汽车产品自销售者开具购车发票之日起60日内或者行驶里程3 000千米之内(以先到者为准)，发动机、变速器的主要零件出现产品质量问题的，消费者可以选择免费更换发动机、变速器。发动机、变速器的主要零件的种类范围由生产者明示在三包凭证上，其种类范围应当符合国家相关标准或规定，具体要求由国家质检总局另行规定。

　　本案例中，损坏零件离合器属于变速器主要零件，车辆使用时间和行驶里程均符合更换总成的规定，按照三包规定给消费者更换变速器总成，但不符合退换车条件。

 **专家点评**

在三包规定期限内，属于三包凭证上注明的范围内的变速器主要零部件出现质量问题，便可更换变速器总成。

4.2.5 变速器保修期内不同症状多次维修也不能退车

关键词：变速器，异响，更换零部件，漏油，第二十条

申诉时间：2015年6月30日

购车发票时间：2014年9月30日

行驶里程：15 000km

申诉类型：退货

申诉类型是否适用三包规定：不适用

申诉涉及部件：变速器异响、漏油

2014年9月30日，霍先生于某4S店购买了一台SUV，行驶1 000千米后发现变速箱异响，维修后更换了主控装置；当行驶到4 000千米问题依然存在，于是又更换了变速箱总成，随后行驶到10 000千米发现变速箱漏油。2015年6月30日，霍先生向质监局12365投诉，提出退换车辆。之后4S店经诊断发现该车变速箱油管卡子张力不够，已为其更换油管卡子，并于2015年7月22日通知车主取车。

案例解析

根据汽车三包规定第二十条：在家用汽车产品三包有效期内，符合本规定更换、退货条件的，消费者凭三包凭证、购车发票等由销售者更换、退货。

家用汽车产品自销售者开具购车发票之日起60日内或者行驶里程3 000千米之内（以先到者为准），家用汽车产品出现转向系统失效、制动系统失效、车身开裂或燃油泄漏，消费者选择更换家用汽车产品或退货的，销售者应当负责免费更换或退货。

在家用汽车产品三包有效期内，发生下列情况之一，消费者选择更换或退货

的，销售者应当负责更换或退货：

(一) 因严重安全性能故障累计进行了2次修理，严重安全性能故障仍未排除或者又出现新的严重安全性能故障的；

(二) 发动机、变速器累计更换2次后，或者发动机、变速器的同一主要零件因其质量问题，累计更换2次后，仍不能正常使用的，发动机、变速器与其主要零件更换次数不重复计算；

(三) 转向系统、制动系统、悬架系统、前/后桥、车身的同一主要零件因其质量问题，累计更换2次后，仍不能正常使用的。

本案例中，虽然进行了多次维修，但类别都不一样，也不是严重的安全性能故障，不满足退车、换车的要求，退车请求没有依据。

专家点评

根据汽车三包规定，家用汽车产品保修期限不低于3年或者行驶里程60 000千米，以先到者为准。家用汽车产品三包有效期限不低于2年或者行驶里程50 000千米，以先到者为准。家用汽车产品包退期以及发动机、变速器总成包换期限均自开具购车发票之日起60日或者行驶里程3 000千米，以先到者为准。

4.2.6　变速器同一故障多次维修未果保修期内可换车

关键词：变速器，转速信号遗失，维修多次，换车，第二十一条

申诉时间：2015年10月27日

购车发票时间：2014年10月31日

行驶里程：30 809km

申诉类型：更换车辆

申诉类型是否适用三包规定：适用

申诉涉及部件：变速器箱内动力传动元件(含离合器、制动器)

2015年10月21日凌晨1点，李小姐驾车行驶过程中，发动机故障灯点亮，且自动熄火后不能再次打着车，拖车回4S店检修。经4S店查阅历史维修记录发现：

①2015.6.29(20 745km)，检查车辆油路、电路，无明显故障。清除故障码后，车辆即可正常启动，试5km，故障未再现。②2015.6.30(20 796km)，车辆再次出现类似故障，检查车辆油路、电路，仍无明显故障，电脑读取故障为：发动机转速传感器数据采集失败(历史状态)，将车辆升级至2015S1并清除故障码后路试5km，故障未再次出现。③2015.7.2(20 876km)，车辆启动后，怠速不稳，发动机故障灯点亮，检查车辆油路、电路，依然无明显故障，故障码为：发动机转速传感器数据采集失败(历史状态)，清除故障码后路试5km，故障未再现。④2015.7.14(21 882km)，经过反复与技术支持研究处理方案，将故障车辆变速器卸下，对离合器舱进行清洁处理，一月后回访，用户表示车辆故障修复完毕。⑤2015.10.21(30 809km)，使用GDT读取故障码：P0322 00发动机转速输入电路无信号。清除故障码后车辆正常启动(曾对该车辆更换过"发动机转速传感器")。2015年10月26日至27日，在厂方支持的现场指导下，再次对车辆升级软件至最新版本，再次将车辆变速器吊下清理离合器摩擦片工作时掉落的粉尘，还原安装后路试，故障现象暂未出现。车主认为由于该车辆故障，已反复维修多次，要求调换全新一辆。4S店认为更换变速器总成维修解决。

案例解析🍊

　　根据汽车三包规定第二十一条：在家用汽车产品三包有效期内，因产品质量问题修理时间累计超过35日的，或者因同一产品质量问题累计修理超过5次的，消费者可以凭三包凭证、购车发票，由销售者负责更换。

　　下列情形所占用的时间不计入前款规定的修理时间：

　　(1) 需要根据车辆识别代号(VIN)等定制的防盗系统、全车线束等特殊零部件的运输时间；特殊零部件的种类范围由生产者明示在三包凭证上；

　　(2) 外出救援路途所占用的时间。

　　本案例中的事故车辆符合上述条款，4S店应当为车主换车。

专家点评

　　在三包期内，因为同一产品质量问题引起的故障，维修超过5次，故障仍未排除的情况下，销售者应该为车主更换新车。

4.2.7 变速器同步器首次故障维修处理

关键词：变速器，固定卡簧，局部维修，异响及挡位切换困难，第二十条

申诉时间：2014年4月27日

购车发票时间：2013年11月7日

行驶里程：8 210km

申诉类型：更换车辆

申诉类型是否适用三包规定：不适用

申诉涉及部件：变速器箱内固定卡簧

2013年11月7日，丁先生在某汽车贸易有限公司购买了一辆7座汽车，购车发票及三包凭证齐全。2014年4月11日行驶8 210km后感觉变速器工作不正常，挂挡不顺畅，行驶中变速器噪声大，将车开到特约维修点进行维修，故障未能排除。2014年4月27日将车开到汽车贸易有限公司，要求换车。汽车贸易有限公司和车主协商后，决定先拆解变速器，诊断出故障原因。修理工程师诊断故障确实存在，发现并告知车主原因是副轴三挡同步器齿环卡簧漏装，导致三挡同步器齿环在工作啮合时不顺畅，从而发出噪声。后从公司预定三挡同步器总成，2014年5月23日到货安装后，运行正常，故障排除。车主认为变速器已经修理2次，应退车；或者退一步讲，原来的变速器由于缺少卡簧，已经不正常磨损，最低要求更换变速器总成。4S店认为可以修理排除故障，不应退车或者更换变速器总成，修理就可以。

案例解析

根据汽车三包规定第二十条：在家用汽车产品三包有效期内，符合本规定更换、退货条件的，消费者凭三包凭证、购车发票等由销售者更换、退货。

家用汽车产品自销售者开具购车发票之日起60日内或者行驶里程3 000千米之内(以先到者为准)，家用汽车产品出现转向系统失效、制动系统失效、车身开裂或燃油泄漏，消费者选择更换家用汽车产品或退货的，销售者应当负责免费更换或退货。

在家用汽车产品三包有效期内，发生下列情况之一，消费者选择更换或退货的，销售者应当负责更换或退货：

(一) 因严重安全性能故障累计进行了2次修理，严重安全性能故障仍未排除或者又出现新的严重安全性能故障的；

(二) 发动机、变速器累计更换2次后，或者发动机、变速器的同一主要零件因其质量问题，累计更换2次后，仍不能正常使用的，发动机、变速器与其主要零件更换次数不重复计算；

(三) 转向系统、制动系统、悬架系统、前/后桥、车身的同一主要零件因其质量问题，累计更换2次后，仍不能正常使用的。

本案例中车主购买的车确实出现该故障，但故障不是严重安全性能故障。而且修理2次后故障已经排除，不符合换车的条件。

专家点评

车辆故障类型很多，但只有出现严重安全性能故障时，才可参照汽车三包规定第二十条第二款处理。

4.2.8　变速器轴类出现异响保修期内拆解维修

关键词：变速器，轴承，拆解维修，异响，第二十条

申诉时间：2015年1月20日

购车发票时间：2014年8月21日

行驶里程：5 011km

申诉类型：更换车辆

申诉类型是否适用三包规定：不适用

申诉涉及部件：变速器轴类

2014年8月21日，全女士在某4S店购买了一辆自动挡轿车，购车发票及三包凭证齐全。2015年1月20日到店做首次保养，行驶5 011千米，客户反映底盘有持续"呜呜"异响。检查后发现声音来自变速箱，需要做进一步拆检分析。客户不认

可，认为新车才买了半年不到，就需要拆解变速箱，心里无法接受，要求换车，并将车停在车间，拔掉钥匙后走人。4S店和车主多次沟通后，客户同意先检查故障原因。经咨询总部技术科后，先行更换变速箱阀体，路试后发现异响仍然存在，再次与总部技术科沟通后，同意更换变速箱总成。

案例解析

根据汽车三包规定第二十条：在家用汽车产品三包有效期内，符合本规定更换、退货条件的，消费者凭三包凭证、购车发票等由销售者更换、退货。

家用汽车产品自销售者开具购车发票之日起60日内或者行驶里程3 000千米之内(以先到者为准)，家用汽车产品出现转向系统失效、制动系统失效、车身开裂或燃油泄漏，消费者选择更换家用汽车产品或退货的，销售者应当负责免费更换或退货。

在家用汽车产品三包有效期内，发生下列情况之一，消费者选择更换或退货的，销售者应当负责更换或退货：

(一) 因严重安全性能故障累计进行了2次修理，严重安全性能故障仍未排除或者又出现新的严重安全性能故障的；

(二) 发动机、变速器累计更换2次后，或者发动机、变速器的同一主要零件因其质量问题，累计更换2次后，仍不能正常使用的，发动机、变速器与其主要零件更换次数不重复计算；

(三) 转向系统、制动系统、悬架系统、前/后桥、车身的同一主要零件因其质量问题，累计更换2次后，仍不能正常使用的。

本案例中车主所购车辆出现了变速箱故障时已经不在规定相关的里程及期限内，并在4S店免费更换了一次变速箱阀体，但没有达到三包条款规定的可以更换车辆的条件。

专家点评

只有在三包规定的时间范围内，消费者才可享受三包规定中的各项权利。

4.2.9　三包规定未实施前购买车辆不适用三包

关键词：变速器，阀板总成，维修多次，加速无力，第二十条、第二十一条

申诉时间：2013年10月28日

购车发票时间：2012年10月10日

行驶里程：26 021km

申诉类型：更换车辆

申诉类型是否适用三包规定：不适用

申诉涉及部件：变速器箱内动力传动元件

2012年10月，苏州张先生在某汽车销售有限公司购买了一辆JEEP指南者。2013年4月，张先生在行驶12 003千米后，发现车辆加油3 000转/分时车速只能跑60码。4S店工作人员用诊断仪检测发现没有故障码，路试没有出现故障就交车了。过了半个月，张先生在行驶中又碰到这个故障，到4S店检查发现变速箱输入传感器故障。更换后行驶至18 020千米，又出现了故障，检测后报变速箱电子阀故障，检测线路无故障后，跟厂家技术支持后，更换了阀板。10月份，张先生又碰到了加油门跑不起来，这时车辆行驶了26 021千米，检测后报变速箱电子阀故障，检查后发现变速箱电脑板有故障。跟张先生沟通要更换电脑板，张先生不同意，认为自己车开了一年2万多千米，老是出现加油门车辆跑不起来，维修了好几次，还没有修好，行驶不安全，要退车或换车。4S店认为这几个故障不是同一个故障，应以维修为主，不可以退车或换车。

案例解析

根据汽车三包规定第二十条：在家用汽车产品三包有效期内，符合本规定更换、退货条件的，消费者凭三包凭证、购车发票等由销售者更换、退货。

家用汽车产品自销售者开具购车发票之日起60日内或者行驶里程3 000千米之内（以先到者为准），家用汽车产品出现转向系统失效、制动系统失效、车身开裂或燃油泄漏，消费者选择更换家用汽车产品或退货的，销售者应当负责免费更换或退货。

在家用汽车产品三包有效期内，发生下列情况之一，消费者选择更换或退货的，销售者应当负责更换或退货：

(一) 因严重安全性能故障累计进行了2次修理，严重安全性能故障仍未排除或者又出现新的严重安全性能故障的；

(二) 发动机、变速器累计更换2次后，或者发动机、变速器的同一主要零件因其质量问题，累计更换2次后，仍不能正常使用的，发动机、变速器与其主要零件更换次数不重复计算；

(三) 转向系统、制动系统、悬架系统、前/后桥、车身的同一主要零件因其质量问题，累计更换2次后，仍不能正常使用的。

第二十一条规定，在家用汽车产品三包有效期内，因产品质量问题修理时间累计超过35日的，或者因同一产品质量问题累计修理超过5次的，消费者可以凭三包凭证、购车发票，由销售者负责更换。

下列情形所占用的时间不计入前款规定的修理时间：

(一) 需要根据车辆识别代号(VIN)等定制的防盗系统、全车线束等特殊零部件的运输时间；特殊零部件的种类范围由生产者明示在三包凭证上；

(二) 外出救援路途所占用的时间。

本案例中，车辆变速箱按汽车三包规定，达不到退车和更换条件，应以维修为主。此外，本案例不适用于汽车三包规定，应根据主机厂的质量保修政策进行维修处理。国家汽车三包规定于2013年10月1日开始实施。

专家点评

家用汽车产品三包规定于2013年10月1日开始实施。在此之前购买的车辆发生故障可依据其他法律法规解决。

4.2.10　变速器电子阀体失效保修期内可维修处理

关键词：变速器，阀板，维修，车速不稳，第十八条

申诉时间：2015年12月26日

购车发票时间：2015年8月20日

行驶里程：3 500km

申诉类型：更换车辆

申诉类型是否适用三包规定：不适用

申诉涉及部件：变速器电子阀

王先生于2015年8月20日，在某4S店购买一辆大众波罗自动挡轿车，购车发票及三包凭证齐全。2015年12月26日，行驶3 500千米后，客户开车行驶时，车速开到70～80千米时，转速突然升到4 000转，约2秒后又回落，将车开到4S店，客户说车辆有问题，要求退车。4S店和车主协商后，先对车辆进行检查，诊断故障原因。经技师检查试车，确认故障是变速箱电子阀有问题。和客户沟通说明三包政策，车辆已开4个多月，行驶了3 500千米，所以只能进行变速箱维修，不能更换变速箱总成，如果维修后故障再出现才能更换变速箱总成。

案例解析

根据汽车三包第十八条规定：在家用汽车产品保修期内，家用汽车产品出现产品质量问题，消费者凭三包凭证由修理者免费修理(包括工时费和材料费)。

家用汽车产品自销售者开具购车发票之日起60日内或者行驶里程3 000千米之内(以先到者为准)，发动机、变速器的主要零件出现产品质量问题的，消费者可以选择免费更换发动机、变速器。发动机、变速器的主要零件的种类范围由生产者明示在三包凭证上，其种类范围应当符合国家相关标准或规定，具体要求由国家质检总局另行规定。

本案例中的故障车辆行驶里程3 500千米，而且使用4个多月，已超出汽车三包规定的3 000千米，4S店可以先进行修理。

专家点评

超出汽车三包规定的变速器总成包换期的车辆，只能在保修期内进行部件维修处理。之后可以参照汽车三包规定中的第二十一条，如果因同一产品质量问题累计维修超过5次，可以申请更换变速器总成。

4.2.11　无明确销售商和三包凭证不适用三包规定

关键词：变速器，阀体模块失效，无三包凭证，第十八条、第三十一条

申诉时间：2016年10月20日

购车发票时间：2016年10月15日

行驶里程：600km

申诉类型：更换车辆

申诉类型是否适用三包规定：不适用

申诉涉及部件：变速器控制模块

2016年10月15日，寇小姐在当地二级经销商手中购买一辆轿车，购车发票有(上海开的票)，三包凭证不清楚(无法求证)，和车主交流中得知该车是二级经销商从上海某网店购入。在2016年10月20日，车辆发动机故障灯亮着，车辆加速无力，车辆拖回本地4S店检查，初步判断，车辆变速器有故障，要进一步检查维修，因为车辆才购买5天、共行驶600多千米，客户不同意拆检维修，要求退车。4S店认为该车不是本店购买，且客户无法提供三包凭证，但因为本品牌车辆是全国保修，经销商同意帮客户免费维修。

案例解析

　　根据汽车三包第十八条：在家用汽车产品保修期内，家用汽车产品出现产品质量问题，消费者凭三包凭证由修理者免费修理(包括工时费和材料费)。

　　家用汽车产品自销售者开具购车发票之日起60日内或者行驶里程3 000千米之内(以先到者为准)，发动机、变速器的主要零件出现产品质量问题的，消费者可以选择免费更换发动机、变速器。发动机、变速器的主要零件的种类范围由生产者明示在三包凭证上，其种类范围应当符合国家相关标准或规定，具体要求由国家质检总局另行规定。

　　第三十一条规定：在家用汽车产品保修期和三包有效期内，无有效发票和三包

凭证的，经营者可以不承担本规定所规定的三包责任。

虽然车主无法提供三包凭证，但该车的确在车里质保期内出现了变速器有故障，本地授权售后服务中心应该免费帮客户维修。

专家点评

若车主无法提供购车的有效发票或三包凭证，该车辆不享受三包政策，可以参照主机厂保修政策执行。

4.2.12　变速器壳体裂纹漏油保修期内可维修处理

关键词：变速器，壳体裂纹，更换零部件，漏油，第二十条

申诉时间：2014年6月9日

购车发票时间：2014年3月28日

行驶里程：2 890km

申诉类型：退货

申诉类型是否适用三包规定：不适用

申诉涉及部件：变速器箱体

2014年3月28日，王先生从某汽车销售服务有限公司订购了一辆一汽汽车，5月16日提的车，5月30日发现汽车漏油，于是把车开到4S店检查，4S店经理简单判断为变速箱密封不了，更换个密封圈就行。如果是变速箱坏了，会给其换车。但是车经4S店人员拆开查看后发现是变速箱盖子断裂，4S店提出更换一个变速箱盖子。但车主要求换车或退车。

案例解析

根据汽车三包规定第二十条：在家用汽车产品三包有效期内，符合本规定更换、退货条件的，消费者凭三包凭证、购车发票等由销售者更换、退货。

家用汽车产品自销售者开具购车发票之日起60日内或者行驶里程3 000千米之内

(以先到者为准)，家用汽车产品出现转向系统失效、制动系统失效、车身开裂或燃油泄漏，消费者选择更换家用汽车产品或退货的，销售者应当负责免费更换或退货。

在家用汽车产品三包有效期内，发生下列情况之一，消费者选择更换或退货的，销售者应当负责更换或退货：

(一) 因严重安全性能故障累计进行了2次修理，严重安全性能故障仍未排除或者又出现新的严重安全性能故障的；

(二) 发动机、变速器累计更换2次后，或者发动机、变速器的同一主要零件因其质量问题，累计更换2次后，仍不能正常使用的，发动机、变速器与其主要零件更换次数不重复计算；

(三) 转向系统、制动系统、悬架系统、前/后桥、车身的同一主要零件因其质量问题，累计更换2次后，仍不能正常使用的；转向系统、制动系统、悬架系统、前/后桥、车身的主要零件由生产者明示在三包凭证上，其种类范围应当符合国家相关标准或规定，具体要求由国家质检总局另行规定。

本案例中的故障车辆的变速箱虽然是主要零部件，但并未更换2次以上，故不具备直接退车或换车的条件。

专家点评

若变速器中的主要零部件在开具购车发票之日起60日或者行驶里程3 000千米之内(以先到者为准)首次出现产品质量问题，可免费更换变速器总成。但若超出包换期，但还在三包有效期内，销售者首先应该为车主提供免费维修。

4.2.13　变速器离合器回位缓慢保修期内可维修处理

关键词：变速器，离合器泵，回位迟滞，维修，第二十条

申诉时间：2016年11月2日

购车发票时间：2016年8月17日

行驶里程：7 780km

申诉类型：退货

申诉类型是否适用三包规定：不适用

申诉涉及部件：变速器离合器

2016年8月17日张先生在某4S店购买了一辆汽车，购车发票、产品合格证及三包凭证等齐全。2016年11月2日，车主向4S店反映车辆行驶过程中突然离合器无法回位，导致车辆无法正常行驶。车辆行驶至7 780千米，车主将车拖到店内，要求退车。4S店和车主协商后，决定先检查车、诊断故障原因，后经技师诊断故障确实存在，离合器存在踩踏后踏板无法及时回位的现象，该故障出现后的确影响驾驶的舒适性，但可以保证其工作，不影响换挡，并且并未涉及车辆及客户人身安全，更换离合器总泵即可。

案例解析

根据汽车三包规定第二十条：在家用汽车产品三包有效期内，符合本规定更换、退货条件的，消费者凭三包凭证、购车发票等由销售者更换、退货。

家用汽车产品自销售者开具购车发票之日起60日内或者行驶里程3 000千米之内(以先到者为准)，家用汽车产品出现转向系统失效、制动系统失效、车身开裂或燃油泄漏，消费者选择更换家用汽车产品或退货的，销售者应当负责免费更换或退货。

在家用汽车产品三包有效期内，发生下列情况之一，消费者选择更换或退货的，销售者应当负责更换或退货：

(一) 因严重安全性能故障累计进行了2次修理，严重安全性能故障仍未排除或者又出现新的严重安全性能故障的；

(二) 发动机、变速器累计更换2次后，或者发动机、变速器的同一主要零件因其质量问题，累计更换2次后，仍不能正常使用的，发动机、变速器与其主要零件更换次数不重复计算；

(三) 转向系统、制动系统、悬架系统、前/后桥、车身的同一主要零件因其质量问题，累计更换2次后，仍不能正常使用的；转向系统、制动系统、悬架系统、前/后桥、车身的主要零件由生产者明示在三包凭证上，其种类范围应当符合国家相关标准或规定，具体要求由国家质检总局另行规定。

本案例中的故障车辆已经出了包换包退期限，且依照三包规定也未满足退换条件，只能对离合器进行维修。

 专家点评

包换、包退、保修3个期限不应混淆。

4.2.14　变速器内部机械首次故障导致加速无力应先维修

关键词：变速器，内部机械故障，首次故障，加速无力，第二十条

申诉时间：2015年9月22日

购车发票时间：2015年5月30日

行驶里程：1 530km

申诉类型：退货

申诉类型是否适用三包规定：不适用

申诉涉及部件：变速器输出轴

2015年5月30日，车主徐先生在本地经销商手中购买一辆越野车，购车发票、三包凭证齐全。在2015年9月22日，车辆发动机故障灯亮着，车辆加速无力，车辆开到4S店检查，维修技师拿诊断仪读取到车辆变速器输出轴传感器数据异常，导致车辆进入保护模式，变速器锁挡，初步判断机械部分存在故障。但客户不同意对车辆进一步拆检维修，要求退车。4S店和车主初步沟通后，要对车辆进行进一步诊断检查，对变速器进行拆检，认为车辆可以维修解决问题，不应退车。

案例解析

　　根据汽车三包第二十条：在家用汽车产品三包有效期内，符合本规定更换、退货条件的，消费者凭三包凭证、购车发票等由销售者更换、退货。

　　家用汽车产品自销售者开具购车发票之日起60日内或者行驶里程3 000千米之内(以先到者为准)，家用汽车产品出现转向系统失效、制动系统失效、车身开裂或燃油泄漏，消费者选择更换家用汽车产品或退货的，销售者应当负责免费更换或

退货。

在家用汽车产品三包有效期内，发生下列情况之一，消费者选择更换或退货的，销售者应当负责更换或退货：

(一) 因严重安全性能故障累计进行了2次修理，严重安全性能故障仍未排除或者又出现新的严重安全性能故障的；

(二) 发动机、变速器累计更换2次后，或者发动机、变速器的同一主要零件因其质量问题，累计更换2次后，仍不能正常使用的，发动机、变速器与其主要零件更换次数不重复计算。

该车主购买的越野车变速器的确出现了故障，导致车辆无法正常行驶，首次可以通过拆解变速器维修解决。

专家点评

因变速器同一主要零件质量问题导致的故障，在三包规定期限内，故障首次发生可免费更换，累计更换2次后故障仍未排除，车主可以要求换车。

4.2.15　变速器轴承异响超出三包期仍可免费维修

关键词：变速器，轴承异响，第十二条

申诉时间：2015年7月26日

购车发票时间：2014年9月22日

行驶里程：73 452km

申诉类型：修理

申诉类型是否适用三包规定：不适用

申诉涉及部件：变速器轴承

2014年9月22日，赵小姐在某4S店购买了一辆汽车，购车发票及三包凭证齐全。2015年7月26日，行驶了73 452km后感觉变速箱内有异响，将车开到4S店，进行检查。后经技师诊断故障确实存在，发现并告知车主由于手动变速箱内的轴承磨损导致在转动的时候内部出现"嗡嗡嗡"的异响。4S店告知车主维修需要自费更换内部全套轴承，因为车主使用车辆的时候没有按照用户手册上的保养要求每60 000km或2年进店更换手动变速箱油。车主解释称，到修理厂保养的时候已经更换了手动变速箱油，同时还能够提供当时的维修保养发票及清单。

案例解析

根据汽车三包规定第十二条：销售者销售家用汽车产品，应当符合下列要求：

(一) 向消费者交付合格的家用汽车产品以及发票；

(二) 按照随车物品清单等随车文件向消费者交付随车工具、备件等物品；

(三) 当面查验家用汽车产品的外观、内饰等现场可查验的质量状况；

(四) 明示并交付产品使用说明书、三包凭证、维修保养手册等随车文件；

(五) 明示家用汽车产品三包条款、保修期和三包有效期；

(六) 明示由生产者约定的修理者名称、地址和联系电话等修理网点资料，但不得限制消费者在上述修理网点中自主选择修理者；

(七) 在三包凭证上填写有关销售信息；

(八) 提醒消费者阅读安全注意事项、按产品使用说明书的要求进行使用和维护保养。对于进口家用汽车产品，销售者还应当明示并交付海关出具的货物进口证明和出入境检验检疫机构出具的进口机动车辆检验证明等资料。

本案例中故障车辆的行驶里程已经为73 452km，超出保修里程范围，但该车仍在主机厂的整车质保期内。如果在外维修保养符合技术规范，主机厂应当给予车主免费质量保修维修。

专家点评

如果车主能够提供正规资质维修单位的维修清单及维修发票，证明已经按照使用说明书进行保养维护车辆，该车辆依然应当按照汽车三包的相关规定给予维修、更换或者退车。

4.2.16 变速器机械异响保修期内不能直接更换总成

关键词：变速器，反复，维修，异响，第十八条

申诉时间：2016年11月12日

购车发票时间：2016年3月8日

行驶里程：8 000km

申诉类型：更换车辆

申诉类型是否适用三包规定：不适用

申诉涉及部件：变速器

陈先生于2016年3月8日，在徐州某4S店购买一辆手动挡轿车，行驶8 000km后，出现变速箱异响(哗哗声，怠速或行驶都响)，到4S店进行维修诊断，4S店将变速箱抬下进行修理，装复后，车主接车；行驶几天后又出现该现象，要求4S店进行免费更换变速器总成。4S店认为车辆已行驶8 000km，只能先修理，如果再次出现问题才考虑更换总成。

案例解析

根据汽车三包第十八条规定：在家用汽车产品保修期内，家用汽车产品出现产品质量问题，消费者凭三包凭证由修理者免费修理(包括工时费和材料费)。

家用汽车产品自销售者开具购车发票之日起60日内或者行驶里程3 000千米之内(以先到者为准)，发动机、变速器的主要零件出现产品质量问题的，消费者可以选择免费更换发动机、变速器。发动机、变速器的主要零件的种类范围由生产者明示在三包凭证上，其种类范围应当符合国家相关标准或规定，具体要求由国家质检总局另行规定。

该车符合三包规定，但该车辆已经行驶里程8 000千米，已超出汽车三包规定的3 000千米里程包退包换期。4S店可以优先进行拆解修理，如果不能彻底解决，可以更换变速器总成维修处理。

 **专家点评**

超出包退期的车辆出现变速器故障时，应首先考虑维修。

4.2.17 变速箱油底壳衬垫问题导致渗油不能更换总成

关键词：变速箱，油底壳衬垫问题，更换变速箱，变速箱渗油，第十八条

申诉时间：2016年8月4日

购车发票时间：2016年7月7日

行驶里程：2 400km

申诉类型：更换变速箱

申诉类型是否适用三包规定：不适用

申诉涉及部件：变速箱油底壳衬垫

2016年7月7日，车主陆先生到宿迁某4S店购买一辆轿车L，购车发票、三包凭证齐全。2016年8月4日，车在行驶到2 400千米时，变速箱起步有顿挫感，并同时出现渗油。客户将车开至4S店要求更换变速箱。经过4S店检测后发现车的变速箱油底壳接口处确实存在渗油情况，试车发现确有轻微顿挫感，正常此车为DSG双离合变速器，后找来其他几辆同款车型都有此类情况，应为正常现象。4S店认为变速箱本身没有问题更换变速箱油底壳衬垫就能解决问题。车主认为变速箱属于重大部件，起步顿挫并漏油应该更换变速箱。

案例解析

根据汽车三包规定第十八条：在家用汽车产品保修期内，家用汽车产品出现产品质量问题，消费者凭三包凭证由修理者免费修理(包括工时费和材料费)。

家用汽车产品自销售者开具购车发票之日起60日内或者行驶里程3 000千米之内(以先到者为准)，发动机、变速器的主要零件出现产品质量问题的，消费者可以选择免费更换发动机、变速器。发动机、变速器的主要零件的种类范围由生产者明示在三包凭证上，其种类范围应当符合国家相关标准或规定，具体要求由国家质检总

局另行规定。

由于变速箱油底壳衬垫不属于变速器主要零部件，按照三包相关规定，其不适用于更换变速箱的条件，更换变速箱油底壳衬垫可以解决。

 专家点评

变速箱渗油这类问题不属于重大零部件故障，按照三包规定，其未达到免费更换变速箱的条件，应该采取维修的方式处理。

4.2.18　变速箱同步器故障造成脱挡不适用更换总成

关键词：同步器故障，更换车辆，脱挡，第十七条

申诉时间：2016年7月11日

购车发票时间：2016年1月17日

行驶里程：4 010km

申诉类型：更换

申诉类型是否适用三包规定：不适用

申诉涉及部件：同步器

2016年1月17日，李先生在江苏某公司购买了一辆别克牌小轿车，购车发票及三包凭证齐全。据李先生介绍自己驾驶的别克牌小轿车(累计行驶4 010千米)于2016年7月2日在高速行驶过程中突然出现挂挡杆从5挡的位置自动跳到空挡位置，同时伴随有发动机空转的声音。尝试再次挂上5挡，行驶数百米后挡杆再次自动跳到空挡位置。因车辆购买时间不长，而且该情况严重影响行车安全，提出更换车辆的要求。4S店和车主协商后，对车辆进行检查。经技师诊断发现，原因是变速器内部5挡同步器故障导致的高速过程中出现5挡脱挡。4S店认为可以免费帮李先生更换5挡同步器来排除该故障。车主认为5挡脱挡严重影响行车安全，应该给予换车。

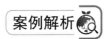 案例解析

根据汽车三包规定第十七条：家用汽车产品保修期限不低于3年或者行驶里程

60 000千米，以先到者为准；家用汽车产品三包有效期限不低于2年或者行驶里程在50 000千米，以先到者为准。家用汽车产品保修期和三包有效期自销售者开具购车发票之日起计算。

鉴于该车辆购买已经超过60日，累计行驶里程超过3 000千米，4S店给予的更换5挡同步器的维修方案符合三包规定之规定。

专家点评

按照三包规定，由于同步器故障导致的跳挡问题不适用于更换车，建议更换5挡同步器。

4.2.19　变速箱阀体故障可采用维修方案处理

关键词：变速箱阀体，影响驾驶，车辆发冲，第二十条

申诉时间：2016年2月5日

购车发票时间：2015年12月28日

行驶里程：593km

申诉类型：退货

申诉类型是否适用三包规定：不适用

申诉涉及部件：变速箱阀体

2015年12月28日，曾女士购买了一辆某品牌轿车，购车发票及三包凭证齐全。2016年2月5日，车辆行驶里程约600千米，客户向4S店反映加油门和低速时车辆发冲、发闯，严重影响驾驶，要求检查故障原因。4S店对车辆诊断和路试后，确认客户反映的现象确实存在。经过与技术部确认，告知车主是变速箱阀体故障，造成车辆低速行驶时发冲，更换阀体即可彻底解决故障。车主认为新车变速箱出现故障，应退换车。

案例解析

根据汽车三包规定第二十条：在家用汽车产品三包有效期内，符合本规定更

换、退货条件的，消费者凭三包凭证、购车发票等由销售者更换、退货。

家用汽车产品自销售者开具购车发票之日起60日内或者行驶里程3 000千米之内(以先到者为准)，家用汽车产品出现转向系统失效、制动系统失效、车身开裂或燃油泄漏，消费者选择更换家用汽车产品或退货的，销售者应当负责免费更换或退货。

在家用汽车产品三包有效期内，发生下列情况之一，消费者选择更换或退货的，销售者应当负责更换或退货：

(一)因严重安全性能故障累计进行了2次修理，严重安全性能故障仍未排除或者又出现新的严重安全性能故障的；

(二)发动机、变速器累计更换2次后，或者发动机、变速器的同一主要零件因其质量问题，累计更换2次后，仍不能正常使用的，发动机、变速器与其主要零件更换次数不重复计算；

(三)转向系统、制动系统、悬架系统、前/后桥、车身的同一主要零件因其质量问题，累计更换2次后，仍不能正常使用的；转向系统、制动系统、悬架系统、前/后桥、车身的主要零件由生产者明示在三包凭证上，其种类范围应当符合国家相关标准或规定，具体要求由国家质检总局另行规定。

该车主购买的车辆确实出现发冲的故障，但并不属于变速箱主要零件，因此不符合退换车条件，按照三包规定，更换一个新的阀体。

专家点评

对于产品质量出现问题，但不属于变速箱或发动机主要零件的，按照三包相关规定，不适用三包更换或退车，经销商可以维修处理。

4.2.20 变速箱挂挡异响更换变速器总成

关键词：主控阀，更换变速器总成，挂挡异响，第十八条

申诉时间：2014年11月20日

购车发票时间：2014年10月3日

行驶里程：1 920km

申诉类型：更换总成

申诉类型是否适用三包规定：适用

申诉涉及部件：变速器主控阀体

2014年10月3日，陈先生在某福特4S店购买了一辆新蒙迪欧车，购车发票及三包凭证齐全。2014年11月20日(行驶1 920千米)，自动变速箱出现了在冷车状态下挂挡时异响，将车开到4S店，要求换车。4S店和车主协商后，决定先检查车辆。经技师诊断，发现异响源于变速器主控阀体故障，只需要更换阀体就可解决。车主认为新车刚买1个多月就出现变速器内部异响，还需要拆解变速器维修，于是提出更换总成。

案例解析

根据汽车三包规定第十八条：在家用汽车产品保修期内，家用汽车产品出现产品质量问题，消费者凭三包凭证由修理者免费修理(包括工时费和材料费)。

家用汽车产品自销售者开具购车发票之日起60日内或者行驶里程3 000千米之内(以先到者为准)，发动机、变速器的主要零件出现产品质量问题的，消费者可以选择免费更换发动机、变速器。发动机、变速器的主要零件的种类范围由生产者明示在三包凭证上，其种类范围应当符合国家相关标准或规定，具体要求由国家质检总局另行规定。

由于变速器主控阀体属于主要零件，按照三包规定，应该更换变速箱总成。

专家点评

对于发动机或变速箱主要零部件从开发票算起在60日/3 000千米内，出现质量问题，按照三包规定，消费者提出更换的，应该给予更换，但不适用于三包退车规定。

4.2.21 变速箱自动跳"N"挡可换车

关键词：动力失控，严重安全性能故障，车辆跳挡，第二十条、第二十五条

申诉时间：2015年9月20日

购车发票时间：2014年4月21日

行驶里程：12 570km

申诉类型：退货

申诉类型是否适用三包规定：适用

申诉涉及部件：跳挡

2014年4月21日，张女士在经销商处购买了一辆宝马轿车，购车发票和三包凭证齐全。2015年5月6日，在高速公路正常行驶时，突然出现车速不能随油门的控制上升，而且车速一直在不断地下降，客户随即将车辆滑行至应急车道，此时发现换挡杆显示在"N"挡位置，中央显示器显示变速箱有故障。车静止后，客户重新按压点火开关启动车辆，故障消失，车辆能继续正常行驶。在高速上出现这样的故障，使张女士受到惊吓，让其对车辆的品质产生质疑，要求4S店认真查找问题并彻底解决，否则退车。

在得知客户反映的情况后，经销商高度重视，在进行情绪安抚的同时给客户的车辆进行检测，并提供了同级别的代步车，经检测发现电控换挡杆总成报故障，可能是换挡杆控制单元异常导致自动跳"N"挡。同时4S店提供了如下维修方案：更换换挡杆总成，删除原故障代码，对车辆进行编程处理。经与厂方技术部的多次沟通同时对车辆在线检测以及我店技师反复的路试，没有再发生客户所说的"跳挡"问题，车辆交付。(备注：此次维修用时8天)

2015年9月11日，客户再次反映车辆在高架路上又出现跳入"N"挡现象并自动熄火，车辆再次回店，客户强烈要求退车。经销商认为目前的这种故障不符合退换车要求，只能给予维修及相应的补偿。

案例解析

根据汽车三包规定第二十条：在家用汽车产品三包有效期内，符合本规定更换、退货条件的，消费者凭三包凭证、购车发票等由销售者更换、退货。

家用汽车产品自销售者开具购车发票之日起60日内或者行驶里程3 000千米之内(以先到者为准)，家用汽车产品出现转向系统失效、制动系统失效、车身开裂或燃

油泄漏，消费者选择更换家用汽车产品或退货的，销售者应当负责免费更换或退货。

在家用汽车产品三包有效期内，发生下列情况之一，消费者选择更换或退货的，销售者应当负责更换或退货：

(一) 因严重安全性能故障累计进行了2次修理，严重安全性能故障仍未排除或者又出现新的严重安全性能故障的；

(二) 发动机、变速器累计更换2次后，或者发动机、变速器的同一主要零件因其质量问题，累计更换2次后，仍不能正常使用的，发动机、变速器与其主要零件更换次数不重复计算；

(三) 转向系统、制动系统、悬架系统、前/后桥、车身的同一主要零件因其质量问题，累计更换2次后，仍不能正常使用的。

转向系统、制动系统、悬架系统、前/后桥、车身的主要零件由生产者明示在三包凭证上，其种类范围应当符合国家相关标准或规定，具体要求由国家质检总局另行规定。

第二十五条：按照本规定更换或者退货的，消费者应当支付因使用家用汽车产品所产生的合理使用补偿，销售者依照本规定应当免费更换、退货的除外。

合理使用补偿费用的计算公式为：[(车价款(元)×行驶里程(km))/1 000]×n。使用补偿系数n由生产者根据家用汽车产品使用时间、使用状况等因素在0.5%至0.8%之间确定，并在三包凭证中明示。

家用汽车产品更换或者退货的，发生的税费按照国家有关规定执行。

《家用汽车产品严重安全性能故障判断指南》中严重安全性能故障包括了"动力失控"，本案例故障符合严重安全性能故障并且维修2次故障依然存在，按照规定，适用三包更换车条款。

专家点评

对于车辆严重安全性能故障，消费者应该参照三包规定，确定三包适用范围。

4.2.22　离合器拉线故障适用维修处理

关键词：离合器，退货，操作沉重，第十八条、第二十条

申诉时间：2015年5月20日

购车发票时间：2014年12月5日

行驶里程：17 650km

申诉类型：退货

申诉类型是否适用三包规定：不适用

申诉涉及部件：离合器

2014年12月5日，蒋先生在某4S店购买一辆某品牌家用轿车，购车发票及三包凭证齐全。于2015年5月20日在回家的路途中出现踩离合器很沉的现象。出于安全考虑，蒋先生将车开到4S店要求进行检查。经过技术人员的检查得知离合器拉线出现质量问题。蒋先生心想才买5个月的车就出现质量问题，要求4S店给予精神补偿费以及换车。4S店认为该故障可以维修解决，不同意换车。

案例解析

　　根据汽车三包规定第二十条：在家用汽车产品三包有效期内，符合本规定更换、退货条件的，消费者凭三包凭证、购车发票等由销售者更换、退货。

　　家用汽车产品自销售者开具购车发票之日起60日内或者行驶里程3 000千米之内(以先到者为准)，家用汽车产品出现转向系统失效、制动系统失效、车身开裂或燃油泄漏，消费者选择更换家用汽车产品或退货的，销售者应当负责免费更换或退货。

　　在家用汽车产品三包有效期内，发生下列情况之一，消费者选择更换或退货的，销售者应当负责更换或退货：

　　(一) 因严重安全性能故障累计进行了2次修理，严重安全性能故障仍未排除或者又出现新的严重安全性能故障的；

　　(二) 发动机、变速器累计更换2次后，或者发动机、变速器的同一主要零件因其质量问题，累计更换2次后，仍不能正常使用的，发动机、变速器与其主要零件更

换次数不重复计算;

(三) 转向系统、制动系统、悬架系统、前/后桥、车身的同一主要零件因其质量问题,累计更换2次后,仍不能正常使用的;转向系统、制动系统、悬架系统、前/后桥、车身的主要零件由生产者明示在三包凭证上,其种类范围应当符合国家相关标准或规定,具体要求由国家质检总局另行规定。

根据以上规定,该故障没有达到换车的条件,所以根据第十八条:在家用汽车产品保修期内,家用汽车产品出现产品质量问题,消费者凭三包凭证由修理者免费修理(包括工时费和材料费)。如果产品在质保期内,经销商对故障进行免费维修。

专家点评

按照汽车三包政策,对于非主要零部件出现产品质量问题的,在三包有效期内,消费者如果要求保修,经营者应该及时给予维修。对于换车的要求经营者可以拒绝。

4.3 汽车转向系统案例分析

4.3.1 电子助力泵供电保险丝烧坏致转向失效可换车

关键字:转向系统,电子助力泵供电保险丝,换车,无法转向,第二十条

申诉时间:2015年12月24日

购车发票时间:2015年11月8日

行驶里程:1 052km

申诉类型:更换车辆

申诉类型是否适用三包规定:适用

申诉涉及部件:转向系统电子助力泵

车主周小姐于2015年11月8日在某4S店购买了一辆1.8L轿车，购车发票与三包凭证所有手续齐全。车主2015年12月20日下午驾车出去办事途中车辆突然失去转向助力，车主紧急将车辆靠边。电话联系4S店要求换车。4S店第一时间将车辆拖至店内，经客户同意先检查车辆故障原因。经过维修技师检查是电子助力泵供电保险丝烧坏，检查线路没有发现短路和电阻过大的问题，判断为保险丝质量故障。

4S店认为该车只是保险丝损坏，转向系统包括机械部件并没有零件损坏，只要更换新的合格的保险丝就可以解决问题，同时保险丝也是易损零件，不可能达到换车条件。但车主坚持认为转向没有助力非常危险，就算更换新的合格的保险丝他也不敢再继续使用此车，坚决要求更换新车。

案例解析

根据汽车三包规定第二十条：在家用汽车产品三包有效期内，符合本规定更换、退货条件的，消费者凭三包凭证、购车发票等由销售者更换、退货。

在家用汽车产品三包有效期内，家用汽车产品自销售者开具购车发票之日起60日内或者行驶里程3 000千米之内(以先到这为准)，家用汽车产品出现转向系统失效、制动系统失效，车身开裂或燃油泄漏，消费者选择更换家用汽车产品或退货的，销售者应当负责免费更换或退货。

虽然只是保险丝烧坏，但是造成转向系统失效，车主有权选择退换车。

专家点评

在三包有效期内，转向系统中非主要零件导致转向系统失效，消费者可以要求更换或退车。

4.3.2　转向节非质量问题事故销售者无责任

关键字：转向系统，事故，非质量问题，销售者无责，第五条、第十二条

申诉时间：2015年10月13日

购车发票时间：2015年9月30日

行驶里程：1 052km

申诉类型：退货

申诉类型是否适用三包规定：不适用

申诉涉及部件：转向系统转向节

2015年9月30日，车主张先生开车回家，在过村庄道路限宽石墩处，反映车辆右转向节断裂，车辆趴在路上，无法行驶。车主认为车辆转向系统存在严重安全隐患，要求退车。4S店接到车主电话，派人去现场发现该车右前转向节断裂，是由于车辆右前轮碰撞石墩导致，符合事故特征，报交警和保险公司来现场取证。经比对现场物件，比对现场示意图，发现右转向节断口一次性折断，材质无沙孔等制造缺陷。发现轮胎钢圈裂口从内向外，明显就是受外力碰撞导致，非质量原因引起。

案例解析

根据汽车三包规定第二十条：在家用汽车产品三包有效期内，符合本规定更换、退货条件的，消费者凭三包凭证、购车发票等由销售者更换、退货。

家用汽车产品自销售者开具购车发票之日起60日内或者行驶里程3 000千米之内(以先到者为准)，家用汽车产品出现转向系统失效、制动系统失效、车身开裂或燃油泄漏，消费者选择更换家用汽车产品或退货的，销售者应当负责免费更换或退货。

本案例中，虽然故障车辆的故障类型属于转向失效，达到严重安全性能故障条件，满足退换车要求，但故障发生是因为发生了事故而不是产品的质量问题，所以4S店不承担责任。

根据汽车三包规定第五条：家用汽车产品消费者、经营者行使权利、履行义务或承担责任，应当遵循诚实信用原则，不得恶意欺诈。销售者可追究车主的欺骗行为。

专家点评

因事故而非产品质量问题造成的车辆故障，不适用汽车三包规定。可根据其他法律法规处理。

4.3.3　转向机总成非主要零件失效致转向失效可换车

关键字：转向系统，方向盘扭矩传感器，更换，第二十条

申诉时间：2016年9月20日

购车发票时间：2016年8月19日

行驶里程：738km

申诉类型：退货

申诉类型是否适用三包规定：适用

申诉涉及部件：转向系统转向机总成

2016年8月19日彭先生在某4S店购买了一辆轿车，购车发票及三包凭证齐全，2016年9月20日(行驶738千米)在高速行驶时突然失去转向助力(该车为电动转向助力)，勉强靠边后多次启动熄火断电后才恢复转向助力，后将车开到4S店，要求退车。4S店第一时间由技术总监给客户回电告知应急处理办法。后经技师与厂方联合诊断故障确实存在，发现并告知车主原因是因为方向盘扭矩传感器故障导致的无转向助力(因此车扭矩传感器集成在方向机总成内部，故需更换方向机总成)。但车主认为转向系统失效，应退车。

案例解析

根据汽车三包规定第二十条：在家用汽车产品三包有效期内，符合本规定更换、退货条件的，消费者凭三包凭证、购车发票等由销售者更换、退货。

家用汽车产品自销售者开具购车发票之日起60日内或者行驶里程3 000千米之内(以先到者为准)，家用汽车产品出现转向系统失效、制动系统失效、车身开裂或燃油泄漏，消费者选择更换家用汽车产品或退货的，销售者应当负责免费更换或退货。

本案例中，方向盘扭矩传感器故障虽然不是主要零件，但是却导致转向系统失效，危及人身安全，确实出现转向系统失效故障，销售者应当为车主进行免费更换或退货。

即使是非主要零件故障导致的转向失效，在包退期内，销售者也应为消费者免费更换或者退货。

4.3.4 液压泵故障未达到换车条件不能换车

关键字：转向系统，液压泵，两次故障，转向费力，第二十条

申诉时间：2014年9月20日

购车发票时间：2014年8月16日

行驶里程：1 590km

申诉类型：退货

申诉类型是否适用三包规定：不适用

申诉涉及部件：转向系统液压泵

吴先生于2014年8月16日在4S店购买了一辆SUV车，购车发票及三包凭证齐全。2014年9月20日行驶1 590km后感觉转向费力，将车开到4S店，要求退车。4S店和车主协商后，决定先检查车、诊断故障原因，后经技师诊断故障确实存在，发现并告知车主原因是转向液压泵泄漏导致转向费力。

案例解析

根据汽车三包规定第二十条：在家用汽车产品三包有效期内，符合本规定更换、退货条件的，消费者凭三包凭证、购车发票等由销售者更换、退货。

家用汽车产品自销售者开具购车发票之日起60日内或者行驶里程3 000千米之内(以先到者为准)，家用汽车产品出现转向系统失效、制动系统失效、车身开裂或燃油泄漏，消费者选择更换家用汽车产品或退货的，销售者应当负责免费更换或退货。

本案例中，故障车辆仅是转向费力，还没有造成转向失效，不满足退车条件。

　　虽然是转向系统中的主要零件故障，但是没有造成转向失效，依然不能满足换车条件。

4.3.5　转向助力失效不等同于转向失效不能退车

关键字：转向系统，助力电机，维修，转向沉重，第二十条

申诉时间：2015年3月5日

购车发票时间：2015年2月2日

行驶里程：1 100km

申诉类型：退货

申诉类型是否适用三包规定：不适用

申诉涉及部件：转向系统电子助力电机

2015年2月2日于先生在某4S店购买了一辆SUV，购车发票及三包凭证齐全。2015年3月5日行驶至1 100km，在回老家途中，在高速公路服务区停车加油后出现打方向沉重转向助力失效故障，将车拖到4S店，要求退车。经4S店技师诊断故障确实存在，最终告知车主造成此转向沉重的原因是电子助力电机内部故障导致。不属于转向系统失效。可以修理解决问题，不应退车。

案例解析

　　根据汽车三包规定第二十条：在家用汽车产品三包有效期内，符合本规定更换、退货条件的，消费者凭三包凭证、购车发票等由销售者更换、退货。

　　家用汽车产品自销售者开具购车发票之日起60日内或者行驶里程3 000千米之内(以先到者为准)，家用汽车产品出现转向系统失效、制动系统失效、车身开裂或燃油泄漏，消费者选择更换家用汽车产品或退货的，销售者应当负责免费更换或退货。

　　本案例中，车辆电子转向助力失效后机械转向仍然有控制汽车行驶方向的能力，不会导致车辆不能按照驾驶者的意愿控制汽车，电子转向助力为辅助装置。所

以不符合退车的条件。

专家点评

此类案件发生时，消费者和销售者首先要理解什么是转向失效。转向系统失效是指汽车行驶时，因质量原因致使转向系统不能按照驾驶员的意愿控制汽车的行驶方向等现象。

4.3.6　转向机总成有异响可维修处理

关键字：转向系统，方向机，非严重安全故障，转向异响，第二十条

申诉时间：2016年8月25日

购车发票时间：2015年5月6日

行驶里程：25 540km

申诉类型：退货

申诉类型是否适用三包规定：不适用

申诉涉及部件：转向系统转向机总成

2015年5月6日，徐先生在某4S店购买了一辆汽车，购车发票及三包凭证齐全，2016年8月25日行驶25 540km后感觉转向系统有问题，将车开到4S店，要求退车。经维修技师试车诊断故障确实存在，发现并告知车主原因是打方向时方向机内部有异响导致转向系统故障，可以修理解决问题，不应退车。

案例解析

根据汽车三包规定第二十条：在家用汽车产品三包有效期内，符合本规定更换、退货条件的，消费者凭三包凭证、购车发票等由销售者更换、退货。

家用汽车产品自销售者开具购车发票之日起60日内或者行驶里程3 000千米之内(以先到者为准)，家用汽车产品出现转向系统失效、制动系统失效、车身开裂或燃

油泄漏，消费者选择更换家用汽车产品或退货的，销售者应当负责免费更换或退货。

本案例中的故障车没有出现转向失效现象，不符合退车条件，更换一个新的方向机总成即可。

专家点评

转向系统故障原因很多，如果是非主要零件故障，而且不是严重安全感故障问题，可以按照三包规定第二十一条首先进行维修处理。

4.3.7　非质量问题导致事故是消费者责任

关键字：转向系统，非质量问题，免责，事故，第十八条

申诉时间：2015年9月22日

购车发票时间：2015年8月8日

行驶里程：2 960km

申诉类型：更换车辆

申诉类型是否适用三包规定：不适用

申诉涉及部件：转向系统

陈先生在2015年8月8日购买了一辆汽车。2015年9月15日车辆行驶在山路的下坡路段时，遇到向右急转弯，方向失控造成车辆冲出路面跌入右侧排水沟，造成右前轮轮胎、轮毂损坏，后桥右半轴断裂，未发生人员伤亡事故。此时车辆行驶里程2 960千米。

车主认为是车辆转向系统有质量问题，急转弯转向失灵，造成车辆损毁，要求4S店换车。4S店对该车辆进行了仔细检查，发现转向系的右横拉杆断裂处弯曲明显，有明显的撞击痕迹，同时对该车的转向系统拉杆进行质量及材质分析，均符合设计、制造要求。所以4S店认为是车辆操作失控，撞击造成断裂致使车辆损毁，不予更换。

案例解析

　　根据汽车三包规定第十八条：在家用汽车产品保修期内，家用汽车产品出现产品质量问题，消费者凭三包凭证由修理者免费修理。

　　汽车三包规定第二十条：在家用汽车产品三包有效期内，符合本规定更换、退货条件的，消费者凭三包凭证、购车发票等由销售者更换、退货。家用汽车产品自销售者开具购车发票之日起60日内或者行驶里程3 000千米之内(以先到者为准)，家用汽车产品出现转向系统失效、制动系统失效、车身开裂或燃油泄漏，消费者选择更换家用汽车产品或退货的，销售者应当负责免费更换或退货。

　　本案例中，故障车辆出现事故而不是产品质量原因，不符合三包相关规定，4S店可以不予更换。

专家点评

　　事故导致的车辆故障，不属于产品质量问题，不适用汽车三包规定，可以按照其他相关法律法规处理。

4.3.8　超过包退期的车辆不得退换

　　关键字：转向系统，电动转向控制模块，维修，转向沉重，第二十条、第二十一条

　　申诉时间：2013年12月30日

　　购车发票时间：2013年10月20日

　　行驶里程：2 500km

　　申诉类型：退货

　　申诉类型是否适用三包规定：不适用

　　申诉涉及部件：转向系统电动转向控制模块

　　2013年10月20日，张先生在某4S店购买了一辆雪弗兰科鲁兹车，购车发票及三包凭证齐全。2013年12月30日行驶2 500km后感觉转向沉重，将车开到4S店，经过

维修技师诊断后，发现为电动转向控制模块故障。车主认为转向系统失效，要求退车。4S店认为车辆购买日期已过60日，可以进行修理，不应退车。

案例解析

根据汽车三包规定第二十条：在家用汽车产品三包有效期内，符合本规定更换、退货条件的，消费者凭三包凭证、购车发票等由销售者更换、退货。

家用汽车产品自销售者开具购车发票之日起60日内或者行驶里程3 000千米之内(以先到者为准)，家用汽车产品出现转向系统失效、制动系统失效、车身开裂或燃油泄漏，消费者选择更换家用汽车产品或退货的，销售者应当负责免费更换或退货。

本案例中的车辆确实出现转向系统故障，但不致转向失效。同时车辆售出已超过60日，虽然不到3 000千米，依然不符合车辆无条件退换期要求。但车辆还处于三包范围内，故4S店应积极配合车主进行维修。

专家点评

消费者应正确理解退货条件，"自销售者开具购车发票之日起60日内、行驶里程3 000km之内"，两个条件缺一不可。

4.3.9 方向机不密封是非严重安全问题不能更换车辆

关键字：转向系统，非严重安全事故，维修，转向有异响，第二十条、第二十一条

申诉时间：2016年6月5日

购车发票时间：2015年8月19日

行驶里程：15 600km

申诉类型：更换车辆

申诉类型是否适用三包规定：不适用

申诉涉及部件：转向系统转向机总成

2015年8月19日，王小姐在某4S店购买了一辆轿车，购车发票及三包凭证齐全。2016年6月5日，行驶了15 600km后感觉打方向有异响，将车开到4S店后，经技师检查故障确实存在，主要原因是近日连续下雨导致方向机密封件进水，天晴之后导致打方向有异响。车主认为方向系统有问题，要求换车。4S店则认为可以修理解决问题，王小姐的车已经超过了60日或3 000km，不应换车。

案例解析

根据汽车三包规定第二十条：在家用汽车产品三包有效期内，符合本规定更换、退货条件的，消费者凭三包凭证、购车发票等由销售者更换、退货。

家用汽车产品自销售者开具购车发票之日起60日内或者行驶里程3 000千米之内(以先到者为准)，家用汽车产品出现转向系统失效、制动系统失效、车身开裂或燃油泄漏，消费者选择更换家用汽车产品或退货的，销售者应当负责免费更换或退货。

本案例中的故障车确实出现了故障，但已经过了三包规定的60日或3 000km的条件，不能够换车。但车辆还处于三包范围内，方向机密封件不是转向系统主要零件，并且没有导致严重安全故障，所以应当按照三包规定第二十一条：在家用汽车产品三包有效期内，因产品质量问题修理时间累计超过35日的，或者因同一产品质量问题累计修理超过5次的，消费者可以凭三包凭证、购车发票，由销售者负责更换。4S店应为车主提供免费维修。

专家点评

未造成严重安全性能故障的情况的，应先进行维修处理。

4.3.10 主要零部件首次故障应先维修处理

关键字：转向系统，电子方向管柱，维修，打方向有顿挫感，第二十条
申诉时间：2016年11月7日
购车发票时间：2016年6月7日

行驶里程：3 042km

申诉类型：更换车辆

申诉类型是否适用三包规定：不适用

申诉涉及部件：转向系统电子方向管柱

周小姐于2016年6月7日在某4S店购买了一辆汽车。2016年11月7日，行驶里程3 042km时，周小姐发现车辆在行驶中左右打方向有顿挫感，以40～50码前进时尤为明显。车主要求免费更换车辆。经过4S店路试以及检查底盘及其相关部件后，判定为方向管柱不良引起，只会为客户免费更换转向系统总成。

案例解析

根据汽车三包规定第二十条：在家用汽车产品三包有效期内，发生下列情况之一，消费者选择更换或退货的，销售者应当负责更换或退货：

(一) 因严重安全性能故障累计进行了2次修理，严重安全性能故障仍未排除或者又出现新的严重安全性能故障的；

(二) 发动机、变速器累计更换2次后，或者发动机、变速器的同一主要零件因其质量问题，累计更换2次后，仍不能正常使用的，发动机、变速器与其主要零件更换次数不重复计算；

(三) 转向系统、制动系统、悬架系统、前/后桥、车身的同一主要零件因其质量问题，累计更换2次后，仍不能正常使用的；转向系统、制动系统、悬架系统、前/后桥、车身的主要零件由生产者明示在三包凭证上，其种类范围应当符合国家相关标准或规定，具体要求由国家质检总局另行规定。

电子方向管柱虽然是转向系统的主要零件，首次出现故障应先进行维修处理，无法进行退换车处理。

专家点评

主要零部件首次出现故障，应先进行维修。在三包有效期内，因同一产品质量问题维修两次后依然无法彻底解决故障时才可以进行更换或者退货。

4.3.11　非主要零件故障不能达到换车标准

关键字：转向系统，非主要零件，严重安全性能故障，转向无助力，第二十条

申诉时间：2015年10月12日

购车发票时间：2015年9月5日

行驶里程：998km

申诉类型：退货

申诉类型是否适用三包规定：不适用

申诉涉及部件：转向系统转向机总成

钱先生于2015年9月5日在某4S店购买了一辆轿车，购车发票及三包凭证齐全。该车刚行驶1 000km不到，在2015年10月12日行驶中出现转向重无方向助力，仪表显示转向系统故障，请检修。4S店经过检测发现控制模块内部电子失效，判断为电子助力方向机故障，更换方向机就能完全解决此问题。车主认为根据三包规定转向系统失效，应退车。

案例解析

根据汽车三包规定第二十条：在家用汽车产品三包有效期内，符合本规定更换、退货条件的，消费者凭三包凭证、购车发票等由销售者更换、退货。

家用汽车产品自销售者开具购车发票之日起60日内或者行驶里程3 000千米之内(以先到者为准)，家用汽车产品出现转向系统失效、制动系统失效、车身开裂或燃油泄漏，消费者选择更换家用汽车产品或退货的，销售者应当负责免费更换或退货。

转向失效的含义是不能按照驾驶人的意愿转动方向。本案例中的车辆出现转向时没有方向助力，虽然没有助力，但是还能够根据驾驶人的意愿进行转动方向，不能确定为转向失效，不能达到退车标准。

专家点评

按照《严重安全性能故障判断指南》对"转向失效"的定义，转向失效是指汽

车在行驶中，由于转向功能或转向助力功能突然失效，使驾驶员无法按其意愿控制车辆的行驶方向。转向时不能助力不能等同于转向失效。

4.3.12　双方协商未果可向第三方要求调解或申诉

关键字：电子助力转向装置，故障次数，维修，转向无助力，第二十条、第三十二条

申诉时间：2016年10月29日

购车发票时间：2016年10月24日

行驶里程：332km

申诉类型：退货

申诉类型是否适用三包规定：适用

申诉涉及部件：转向系统助力电机

解先生于2016年10月24日在某4S店购买了一辆汽车，购车发票及三包凭证齐全。2016年10月26日早上车主发动车辆后，发现没有转向助力，随后将车开到4S店检查。因为是新车，客户不愿意拆检，只用电脑做了检测，同时也检查了电子转向助力装置插头，重新把插头插了一遍，故障消失，转向助力也恢复正常，车主就开车离店了。

第二天早上车主打着车又出现了同样的故障现象，将车拖到4S店，4S店建议拆检转向系统，车主认为自己购买的是新车，才几天就出现转向助力问题，抱怨非常大，提出退车，随后车主直接带上车内物品弃车离店。10月29日4S店更换故障零件后故障彻底排除。之后，10月30日—31日多次邀约车主进店提车，但车主坚决要求退换车，并以工作忙为由，不愿意到店处理。11月4日车主向当地工商局投诉，工商局到经销店初步了解情况。11月7日工商局组织双方调解。工商局认为这属于方向系统有问题。

案例解析

根据汽车三包规定第二十条：在家用汽车产品三包有效期内，符合本规定更

换、退货条件的，消费者凭三包凭证、购车发票等由销售者更换、退货。

家用汽车产品自销售者开具购车发票之日起60日内或者行驶里程3 000千米之内(以先到者为准)，家用汽车产品出现转向系统失效、制动系统失效、车身开裂或燃油泄漏，消费者选择更换家用汽车产品或退货的，销售者应当负责免费更换或退货。

本案例中故障车辆的使用时间及里程均符合免费更换或退货规定。故障出现在车辆发动时，定性为产品质量问题，损坏零件也在转向系统主要零件范围内，故障现象确实影响控制行驶方向。虽然有部分现象与转向失效的定义不完全一致，但从专业角度考虑，可以判定该现象也属于转向系统失效，符合三包规定相关条款，销售者应该按消费者要求进行退货。

根据汽车三包规定第三十二条：家用汽车产品三包责任发生争议的，消费者可以与经营者协商解决；可以依法向各级消费者权益保护组织等第三方社会中介机构请求调解解决；可以依法向质量技术监督部门等有关行政部门申诉进行处理。

专家点评

当消费者与销售者协商未果时，可以向消费者权益保护组织等第三方社会中介机构请求调解或者向质量技术监督部门等有关行政部门申诉进行处理。

4.3.13　动态稳定控制系统报警导致转向失效的车可换车

关键字：DSC，报警，换车，转向失效，第二十条

申诉时间：2014年10月2日

购车发票时间：2014年8月31日

行驶里程：1 028km

申诉类型：更换车辆

申诉类型是否适用三包规定：适用

申诉涉及部件：转向系统助力电机

解小姐于2014年8月31日购买了一辆轿车，购车发票及三包凭证齐全。2014年10月2日行驶1 028km时，DSC(动态稳定控制系统)报警灯亮，并且方向很重，无法

正常行驶。车主联系经销商拖车，同时强调该故障影响其安全驾驶，强烈要求退车。经4S店诊断故障确实存在，原因是DSC故障导致无转向助力。4S店认为只是DSC报警失去助力，并不属于转向系统失效、制动系统失效、车身开裂或燃油泄漏中的任何一种，所以不应退车。

根据汽车三包规定第二十条：在家用汽车产品三包有效期内，符合本规定更换、退货条件的，消费者凭三包凭证、购车发票等由销售者更换、退货。

家用汽车产品自销售者开具购车发票之日起60日内或者行驶里程3 000千米之内(以先到者为准)，家用汽车产品出现转向系统失效、制动系统失效、车身开裂或燃油泄漏，消费者选择更换家用汽车产品或退货的，销售者应当负责免费更换或退货。

本案例中的故障车辆虽然仅是DSC报警，但车辆在行驶中失去方向助力后无法正常行驶，也可以归纳为转向失效的一种，符合更换或退货条件，4S店应为车主更换新车。

转向系统故障类型很多，只要故障会导致转向失效，车辆无法正常行驶，在包退期内，销售者都应为消费者免费更换或退货。

4.4 汽车制动系统案例分析

4.4.1 制动系统异响不能更换车辆

关键字：制动系统，分缸，修理，刹车异响，第二十条、第二十一条

申诉时间：2014年9月21日

购车发票时间：2014年7月3日

行驶里程：4 314km

申诉类型：更换车辆

申诉类型是否适用三包规定：不适用

申诉涉及部件：制动系统制动器分缸

2014年7月3日，黄小姐在上海某4S店购买了一辆轿车，购车发票及三包凭证齐全。2014年9月21日行驶4 314km后感觉刹车有非常吓人的声音，将车开到泰州该品牌汽车的4S店，要求免费处理。经历了2014年9月21日打磨刹车片、2014年10月17日更换刹车片、2015年3月8日更换刹车卡钳组件和进口刹车片前后三次问题解决后，车主认为车辆存在严重安全缺陷，要求换车。泰州4S店认为车辆刹车组件确实存在异响的情况，可以给予免费维修，但不存在安全隐患，且车辆不是泰州4S店所售，泰州4S店没有责任换车，也达不到换车的条件。

案例解析

根据汽车三包规定第二十条：在家用汽车产品三包有效期内，家用汽车产品自销售者开具购车发票之日起60日内或者行驶里程3 000km之内(以先到这为准)，家用汽车产品出现转向系统失效、制动系统失效、车身开裂或燃油泄漏，消费者选择更换家用汽车产品或退货的，销售者应当负责免费更换或退货。

根据汽车三包规定第二十一条：在家用汽车产品三包有效期内，因产品质量问题修理时间累计超过35日的，或者因同一产品质量问题累计修理超过5次的，消费者可以凭三包凭证、购车发票，由销售者负责更换。

下列情形所占用的时间不计入前款规定的修理时间：

(一) 需要根据车辆识别代号(VIN)等定制的防盗系统、全车线束等特殊零部件的运输时间；特殊零部件的种类范围由生产者明示在三包凭证上；

(二) 外出救援路途所占用的时间。

该车主所购车辆确实出现了刹车异响问题，但制动系统未失效，且没有安全隐患，虽前后修理了3次，但未达到三包条款规定的可以换车的条件，且车辆非泰州4S店所售，泰州4S店也没有义务给车主换车。

 专家点评

制动系统故障类型有很多，但在包退期内，并不是只要制动系统出现故障就可以换车。只有当制动系统失效或者累计修理时间超过35日，同一产品质量问题累计修理超过5次的情况才可以免费更换或退货。

4.4.2 制动系统方向盘80km/h下抖动严重换刹车盘

关键字：制动系统，分缸，修理，抖动，第二十条

申诉时间：2014年3月15日

购车发票时间：2014年1月2日

行驶里程：3 500km

申诉类型：退货

申诉类型是否适用三包规定：不适用

申诉涉及部件：制动系统制动器分缸

2014年1月2日，顾女士在某4S店购买了一辆汽车，购车发票及三包凭证齐全。2014年3月15日行驶了3 500km，在高速行驶时发现，80码以上踩刹车时，方向盘抖动得很厉害。车主将车开到4S店，认为汽车刹车存在严重安全性能故障，要求退车。4S店和车主协商后，决定先检查车、诊断故障原因。后经技师诊断故障确实存在，拆下两前轮检查刹车部件，经检查发现两前刹车盘端面跳动量在0.15MM，告知客户是因为刹车盘端面不平整导致刹车时方向盘抖动，更换刹车盘就可以解决问题。

案例解析

根据汽车三包规定第二十条：在家用汽车产品三包有效期内，符合本规定更换、退货条件的，消费者凭三包凭证、购车发票等由销售者更换、退货。

家用汽车产品自销售者开具购车发票之日起60日内或者行驶里程3 000千米之内(以先到者为准)，家用汽车产品出现转向系统失效、制动系统失效、车身开裂或燃

油泄漏，消费者选择更换家用汽车产品或退货的，销售者应当负责免费更换或退货。

在家用汽车产品三包有效期内，发生下列情况之一，消费者选择更换或退货的，销售者应当负责更换或退货：

(一)因严重安全性能故障累计进行了2次修理，严重安全性能故障仍未排除或者又出现新的严重安全性能故障的；

(二)发动机、变速器累计更换2次后，或者发动机、变速器的同一主要零件因其质量问题，累计更换2次后，仍不能正常使用的，发动机、变速器与其主要零件更换次数不重复计算；

(三)转向系统、制动系统、悬架系统、前/后桥、车身的同一主要零件因其质量问题，累计更换2次后，仍不能正常使用的。

转向系统、制动系统、悬架系统、前/后桥、车身的主要零件由生产者明示在三包凭证上，其种类范围应当符合国家相关标准或规定，具体要求由国家质检总局另行规定。

本案例中，车主购买车已经过60日/3 000km，且不是严重安全故障，不满足更换或退货条件，可以进行维修处理，更换两前刹车盘即可。

专家点评

汽车三包规定中明确指出严重安全性能故障是指"家用汽车产品存在危及人身、财产安全的产品质量问题，致使消费者无法安全使用家用汽车产品，包括出现安全装置不能起到应有的保护作用或者存在起火等危险情况"。同时在三包有效期内首次出现严重安全性能故障时应当先进行维修处理。

4.4.3　制动系统制动液泄漏致制动失效可换车或退货

关键字：制动系统，分缸，修理，制动液不足，第二十条

申诉时间：2016年9月25日

购车发票时间：2016年8月10日

行驶里程：1 502km

申诉类型：退货

申诉类型是否适用三包规定：适用

申诉涉及部件：制动系统制动器分缸

　　周先生于2016年8月10日在某4S店购买了一辆轿车，购车发票及三包凭证齐全。2016年9月25日该车仪表显示制动液不足，此时车辆已经没有刹车，记录显示车辆行驶1 502千米。车主将车拖到店内，要求退车。4S店和车主协商后，决定先检查车、诊断故障原因。后经技师诊断故障确实存在，检查发现制动液液位低，仪表报警，故障原因为右前制动分泵活塞处泄漏制动液，需要更换右前制动分泵。但车主认为制动系统失效，应退车。

案例解析

　　根据汽车三包规定第二十条：在家用汽车产品三包有效期内，符合本规定更换、退货条件的，消费者凭三包凭证、购车发票等由销售者更换、退货。

　　家用汽车产品自销售者开具购车发票之日起60日内或者行驶里程3 000千米之内(以先到者为准)，家用汽车产品出现转向系统失效、制动系统失效、车身开裂或燃油泄漏，消费者选择更换家用汽车产品或退货的，销售者应当负责免费更换或退货。

　　在家用汽车产品三包有效期内，发生下列情况之一，消费者选择更换或退货的，销售者应当负责更换或退货：

　　(一) 因严重安全性能故障累计进行了2次修理，严重安全性能故障仍未排除或者又出现新的严重安全性能故障的；

　　(二) 发动机、变速器累计更换2次后，或者发动机、变速器的同一主要零件因其质量问题，累计更换2次后，仍不能正常使用的，发动机、变速器与其主要零件更换次数不重复计算；

　　(三) 转向系统、制动系统、悬架系统、前/后桥、车身的同一主要零件因其质量问题，累计更换2次后，仍不能正常使用的。

转向系统、制动系统、悬架系统、前/后桥、车身的主要零件由生产者明示在三包凭证上，其种类范围应当符合国家相关标准或规定，具体要求由国家质检总局另行规定。

该车主购买的车确实出现该故障，并且在包退期内，销售者应当为车主免费更换或退货。但建议双方应有效解决故障，在考虑不影响安全、节约时间和成本等因素下，更换一个新制动分泵即可。

 专家点评

在包退期内，发生制动失效故障，销售者应当负责免费更换或退货。

4.4.4　2013年10月1日前购买的车不适用于三包规定

关键字：购车时间，补偿费，退车，刹车盘抖动，第四十八条

申诉时间：2013年11月2日

购车发票时间：2013年7月16日

行驶里程：1 600km

申诉类型：退货

申诉类型是否适用三包规定：不适用

申诉涉及部件：制动系统

2013年7月16日，车主毛女士花31.2万元在某4S店购买了一辆轿车，购车发票齐全。2013年9月12日行驶1 600km后，发现车辆刹车盘出现抖动现象，并造成前轮跑偏、轮胎内侧被磨平。将车开到4S店修理，先后更换了两次刹车盘，但问题依然没能解决。10月16日，经生产厂家查验后认定，该车存在质量问题，并做出了再次更换刹车盘的处理意见。而毛女士认为，车子存在很大的安全隐患，要求退车或换车。但4S店认为该车是在《家用汽车产品修理、更换、退货责任规定》出台之前买的车，不应该以新规定作为依据，不可以退换车。

案例解析

根据汽车三包规定第四十八条：本规定自2013年10月1日起施行。毛女士是在此前买的车，不应该以新规定作为依据。

专家点评

"三包"规定实施时间为2013年10月1日，在此之前购买的车辆因不适用于"三包"规定，应按"三包"文件出台前工厂规定的维护要求进行。

4.4.5　制动系统ABS总泵接口渗油可换总泵总成

关键字：制动系统，ABS总泵，修理，渗油，第十八条、第二十条

申诉时间：2016年1月30日

购车发票时间：2014年6月27日

行驶里程：12 233km

申诉类型：更换车辆

申诉类型是否适用三包规定：不适用

申诉涉及部件：制动系统ABS(ESP)液压控制模块

2014年6月27日，韩先生在某4S店购买了一辆轿车，购车发票及三包凭证齐全。2016年1月30日，行驶12 233km后，韩先生感觉刹车有问题，将车开到4S店，要求退车。4S店服务总监和车主协商后，决定先检查车的诊断故障原因，经维修技师试车诊断故障确实存在，发现并告知车主原因是ABS总泵管路接口处渗油导致刹车油缺少从而影响制动效果。车主认为制动系统不良，应退车。

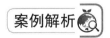案例解析

根据汽车三包规定第二十条：在家用汽车产品三包有效期内，符合本规定更换、退货条件的，消费者凭三包凭证、购车发票等由销售者更换、退货。

家用汽车产品自销售者开具购车发票之日起60日内或者行驶里程3 000千米之内(以先到者为准)，家用汽车产品出现转向系统失效、制动系统失效、车身开裂或燃油泄漏，消费者选择更换家用汽车产品或退货的，销售者应当负责免费更换或退货。

在家用汽车产品三包有效期内，发生下列情况之一，消费者选择更换或退货的，销售者应当负责更换或退货：

(一) 因严重安全性能故障累计进行了2次修理，严重安全性能故障仍未排除或者又出现新的严重安全性能故障的；

(二) 发动机、变速器累计更换2次后，或者发动机、变速器的同一主要零件因其质量问题，累计更换2次后，仍不能正常使用的，发动机、变速器与其主要零件更换次数不重复计算；

(三) 转向系统、制动系统、悬架系统、前/后桥、车身的同一主要零件因其质量问题，累计更换2次后，仍不能正常使用的；转向系统、制动系统、悬架系统、前/后桥、车身的主要零件由生产者明示在三包凭证上，其种类范围应当符合国家相关标准或规定，具体要求由国家质检总局另行规定。

根据汽车三包规定第十八条：在家用汽车产品保修期内，家用汽车产品出现产品质量问题，消费者凭三包凭证由修理者免费修理(包括工时费和材料费)。

家用汽车产品自销售者开具购车发票之日起60日内或者行驶里程3 000千米之内(以先到者为准)，发动机、变速器的主要零件出现产品质量问题的，消费者可以选择免费更换发动机、变速器。发动机、变速器的主要零件的种类范围由生产者明示在三包凭证上，其种类范围应当符合国家相关标准或规定，具体要求由国家质检总局另行规定。

本案例中，该车确实存在故障，但不满足退换车条件。4S店为车主免费更换一个新的ABS总泵总成即可。

专家点评

制动系统故障造成制动效果较差，并没有导致制动失效的情况，不满足换车条件。

4.4.6　制动系统真空助力器漏气适用维修处理

关键字：制动系统，真空助力器，修理，漏气，第十八条、第二十条

申诉时间：2014年10月15日

购车发票时间：2014年9月18日

行驶里程：1 580km

申诉类型：退货

申诉类型是否适用三包规定：不适用

申诉涉及部件：制动系统真空助力泵

2014年9月18日赵女士在某4S店购买了一辆汽车，购车发票及三包凭证齐全。2014年10月15日行驶1 580km后感觉刹车有问题，将车开到4S店，要求退车。4S店和车主协商后，决定先检查车、诊断故障原因。后经技师诊断故障确实存在，发现并告知车主原因是刹车真空助力泵漏气导致制动效果不好。车主认为制动系统失效，应退车。但4S店认为可以修理解决问题，不应退车。

案例解析

根据汽车三包规定第二十条：在家用汽车产品三包有效期内，符合本规定更换、退货条件的，消费者凭三包凭证、购车发票等由销售者更换、退货。

家用汽车产品自销售者开具购车发票之日起60日内或者行驶里程3 000千米之内(以先到者为准)，家用汽车产品出现转向系统失效、制动系统失效、车身开裂或燃油泄漏，消费者选择更换家用汽车产品或退货的，销售者应当负责免费更换或退货。

在家用汽车产品三包有效期内，发生下列情况之一，消费者选择更换或退货的，销售者应当负责更换或退货：

(一) 因严重安全性能故障累计进行了2次修理，严重安全性能故障仍未排除或者又出现新的严重安全性能故障的；

(二) 发动机、变速器累计更换2次后，或者发动机、变速器的同一主要零件因其质量问题，累计更换2次后，仍不能正常使用的，发动机、变速器与其主要零件更换次数不重复计算；

(三) 转向系统、制动系统、悬架系统、前/后桥、车身的同一主要零件因其质量问题，累计更换2次后，仍不能正常使用的；转向系统、制动系统、悬架系统、前/后桥、车身的主要零件由生产者明示在三包凭证上，其种类范围应当符合国家相关标准或规定，具体要求由国家质检总局另行规定。

根据汽车三包规定第十八条：在家用汽车产品保修期内，家用汽车产品出现产品质量问题，消费者凭三包凭证由修理者免费修理(包括工时费和材料费)。

家用汽车产品自销售者开具购车发票之日起60日内或者行驶里程3 000千米之内(以先到者为准)，发动机、变速器的主要零件出现产品质量问题的，消费者可以选择免费更换发动机、变速器。发动机、变速器的主要零件的种类范围由生产者明示在三包凭证上，其种类范围应当符合国家相关标准或规定，具体要求由国家质检总局另行规定。

本案例中，车主购买车确实出现制动系统故障，但没有导致制动失效。4S店为车主免费更换一个新的真空助力器总成即可。

 专家点评

在包退期内，只有发生制动系统故障导致制动失效的情况，才符合退车条件。

4.4.7　制动系统制动时异响三次修理未消除继续修理

关键字：制动系统，分缸，修理，刹车异响，第十九条、第二十一条

申诉时间：2015年12月30日

购车发票时间：2015年7月2日

行驶里程：1 500km

申诉类型：退货

申诉类型是否适用三包规定：不适用

申诉涉及部件：制动系统制动器分缸

2015年7月2日，高先生购买了一辆家用汽车，当天开具购车发票及三包凭证。2015年9月行驶了1 500km出现前轮刹车异响情况，4S店为车主更换了刹车系统。

2015年11月再次出现了刹车异响，4S店为其更换了刹车片后仍未解决问题。当车主再次找到4S店交涉，4S店称厂商技术正在升级让其等待，等待7天后仍未给出明确回复。车主认为制动系统有故障多次维修无效，应换车。

案例解析

根据汽车三包规定第二十一条：在家用汽车产品三包有效期内，因产品质量问题修理时间累计超过35日的，或者因同一产品质量问题累计修理超过5次的，消费者可以凭三包凭证、购车发票，由销售者负责更换。

下列情形所占用的时间不计入前款规定的修理时间：

(一) 需要根据车辆识别代号(VIN)等定制的防盗系统、全车线束等特殊零部件的运输时间；特殊零部件的种类范围由生产者明示在三包凭证上；

(二) 外出救援路途所占用的时间。

根据汽车三包规定第十九条规定：在家用汽车产品保修期内，因产品质量问题每次修理时间(包括等待修理备用件时间)超过5日的，应当为消费者提供备用车，或者给予合理的交通费用补偿。

修理时间自消费者与修理者确定修理之时起，至完成修理之时止。一次修理占用时间不足24小时的，以1日计。本案例中，故障车辆未达到三包规定的同一产品质量问题累计修理超过5次的规定，所以不能更换车辆。因车主车辆维修等待时间已超过5日，4S店还应为其提供备用车或索要合理的交通费用补偿。

专家点评

在三包有效期内，因同一产品质量问题多次修理仍未将故障排除，累计修理超过5次的，销售者应当为车主更换车辆。

4.4.8　驻车制动器影响驻车制动可修理

关键字：制动系统，EMF，修理，驻车制动，第二十条

申诉时间：2016年8月20日

购车发票时间：2016年6月15日

行驶里程：2 831km

申诉类型：退货

申诉类型是否适用三包规定：不适用

申诉涉及部件：制动系统驻车制动器

2016年6月15日吕小姐在某4S店购买了一辆轿车，购车发票及三包凭证齐全。2016年8月20日行驶2 831km后感觉驻车制动器不能正常使用，将车开到4S店，要求退车。4S店和车主协商后，决定先检查车、诊断故障原因。后经技师诊断故障确实存在，发现并告知车主原因是EMF(驻车制动器)控制单元没有信号，驻车制动器供电出现问题，更换新EMF控制单元并进行编程，测试后发现EMF控制单元通信正常，清除故障码后再次进行车辆测试，无相关故障码显示，能正常使用电子驻车制动器，故障彻底排除。但车主认为这是制动系统失效，应退车。

案例解析

根据汽车三包规定第二十条：在家用汽车产品三包有效期内，符合本规定更换、退货条件的，消费者凭三包凭证、购车发票等由销售者更换、退货。

家用汽车产品自销售者开具购车发票之日起60日内或者行驶里程3 000千米之内(以先到者为准)，家用汽车产品出现转向系统失效、制动系统失效、车身开裂或燃油泄漏，消费者选择更换家用汽车产品或退货的，销售者应当负责免费更换或退货。

在家用汽车产品三包有效期内，发生下列情况之一，消费者选择更换或退货的，销售者应当负责更换或退货：

(一) 因严重安全性能故障累计进行了2次修理，严重安全性能故障仍未排除或者又出现新的严重安全性能故障的；

(二) 发动机、变速器累计更换2次后，或者发动机、变速器的同一主要零件因其质量问题，累计更换2次后，仍不能正常使用的，发动机、变速器与其主要零件更换次数不重复计算；

(三) 转向系统、制动系统、悬架系统、前/后桥、车身的同一主要零件因其质量问题，累计更换2次后，仍不能正常使用的；转向系统、制动系统、悬架系统、前/后桥、车身的主要零件由生产者明示在三包凭证上，其种类范围应当符合国家相关标准或规定，具体要求由国家质检总局另行规定。

本案例中的故障车辆仅是驻车制动效果较差，并没有导致制动系统失效，并且车主报修时车辆已使用65天，不满足换车条件，4S店为车主更换一个新的EMF控制单元即可。

专家点评

制动效果降低不等同于制动系统失效，仅制动效果变差不能满足更换或退货条件。

4.4.9　制动盘磨损导致方向盘抖动不能退车

关键词：制动盘，磨损，更换零件，方向盘抖动，第二十条

申诉时间：2016年1月10日

购车发票时间：2015年3月16日

行驶里程：12 300km

申诉类型：退货

申诉类型是否适用三包规定：不适用

申诉涉及部件：制动盘

2015年3月16日，刘先生在某4S店购买了一辆SUV，购车发票及三包凭证齐全。该车辆于2015年6月21日行驶至5 731千米时出现踩刹车方向盘抖动故障，到4S店检查并更换了两前制动盘后排除故障。2015年8月3日行驶7 988千米时客户又反映踩刹车时方向盘抖动故障，经4S店检查后并更换了两前制动盘及制动摩擦片，试车后排除故障。2016年1月9日车辆行驶至12 300千米时客户再次来到4S店反应踩刹车时方向盘抖动故障，并要求退车，拒绝再次维修。

4S店经理和车主协商后，决定先检查车。经过路试、诊断故障原因，发现故障

是由于前制动盘磨损不均匀失圆，导致制动过程中方向盘抖动。4S店认为该故障可以修理解决问题，且制动盘不属于制动系统里面的主要零部件，不属于严重安全性能故障，故不同意换车。

案例解析

　　根据汽车三包规定第二十条：在家用汽车产品三包有效期内，符合本规定更换、退货条件的，消费者凭三包凭证、购车发票等由销售者更换、退货。

　　家用汽车产品自销售者开具购车发票之日起60日内或者行驶里程3 000千米之内(以先到者为准)，家用汽车产品出现转向系统失效、制动系统失效、车身开裂或燃油泄漏，消费者选择更换家用汽车产品或退货的，销售者应当负责免费更换或退货。

　　在家用汽车产品三包有效期内，发生下列情况之一，消费者选择更换或退货的，销售者应当负责更换或退货：

　　(一) 因严重安全性能故障累计进行了2次修理，严重安全性能故障仍未排除或者又出现新的严重安全性能故障的；

　　(二) 发动机、变速器累计更换2次后，或者发动机、变速器的同一主要零件因其质量问题，累计更换2次后，仍不能正常使用的，发动机、变速器与其主要零件更换次数不重复计算；

　　(三) 转向系统、制动系统、悬架系统、前/后桥、车身的同一主要零件因其质量问题，累计更换2次后，仍不能正常使用的；转向系统、制动系统、悬架系统、前/后桥、车身的主要零件由生产者明示在三包凭证上，其种类范围应当符合国家相关标准或规定，具体要求由国家质检总局另行规定。

　　制动系统主要零件包括制动主缸、轮缸、助力器、制动踏板及其支架(制动盘不在主要零件范围内)，不具备退货条件。

专家点评

　　对于三包第二十条中规定的制动系统、转向系统等，这些系统中的零件维修两次故障依然存在的，消费者应当注意：如果进行维修的不是主要零部件并且两次不是针对同一主要部件，虽然维修次数满足，但这种情况依然不适用于更换或退车的条件。

4.4.10 制动继电器漏电适用维修处理

关键词：蓄电池，继电器，漏电，第二十一条、第十八条、第十九条

申诉时间：2015年1月9日

购车发票时间：2015年1月1日

行驶里程：45km

申诉类型：退货

申诉类型是否适用三包规定：不适用

申诉涉及部件：制动继电器

2015年1月1日，陈先生在某4S店购买一家用轿车，购车发票及三包凭证齐全。1月3日蓄电池没电，救援搭电，行驶至4S店换蓄电池。换电池第二天，蓄电池又没电，申诉退车。4S店技术人员检查车辆发现，故障问题为制动继电器漏电，需要等配件换配件，不予退车。

案例解析

根据三包规定第二十一条：在家用汽车产品三包有效期内，因产品质量问题修理时间累计超过35日的，或者因同一产品质量问题累计修理超过5次的，消费者可以凭三包凭证、购车发票，由销售者负责更换。

下列情形所占用的时间不计入前款规定的修理时间：

(一) 需要根据车辆识别代号(VIN)等定制的防盗系统、全车线束等特殊零部件的运输时间；特殊零部件的种类范围由生产者明示在三包凭证上；

(二) 外出救援路途所占用的时间。

根据"家用汽车产品三包主要零件种类范围及三包凭证"的规定，该部件(制动继电器漏电)不在三包涉及的主要总成的主要零件、易损耗零部件的种类范围内，同时也未超过累计修理超过5次的规定。根据三包规定第十八条：在家用汽车产品保

修期内，家用汽车产品出现产品质量问题，消费者凭三包凭证由修理者免费修理(包括工时费和材料费)，消费者凭三包凭证由修理者免费修理(包括工时费和材料费)。等待配件供应期间，根据三包规定第十九条，因产品质量问题每次修理时间(包括等待修理备用件时间)超过5日的，应当为消费者提供备用车，或者给予合理的交通费用补偿。

注意：1次修理时间占用不足24小时的，按1日计算。

专家点评

由于消费者提出退车要求，按照三包相关规定，维修次数需要满足相应的次数条件。对于此类问题，消费者要注意收集每次修理的凭证，通过维修凭证来计算维修次数；如果次数吻合，则适用三包条款，反之不适用。

4.5　汽车悬架系统案例分析

4.5.1　悬架下控制臂断裂按照维修处理

关键词：悬架，下控制臂，车辆失控，第十八条

申诉时间：2015年7月3日

购车发票时间：2014年5月23日

行驶里程：15 899km

申诉类型：修理

申诉类型是否适用三包规定：适用

申诉涉及部件：悬架类下控制臂

2014年5月23日，张先生购买某品牌家用轿车一辆，购车发票及三包凭证齐全。2015年7月1日，在出了某高速收费站直线行驶中，突然感觉方向失去控制。由于张先生反应灵敏，迅速踩刹车进行减速，车最终撞向路边右侧防护栏停了下来。与4S店沟

通后，4S店派出拖车将车拖回店里。通过张先生与4S店的协商，决定对故障进行检查。由于车辆撞击导致右侧车轮向内挤压变形，技术人员无法对其进行判断，于是4S店认为是驾驶不当导致，车本身没质量问题。张先生对4S店的检查持怀疑，并以车在三包内提出更换整车悬架。由于双方争执不下，最终协商提出申请专家鉴定。

案例解析

根据汽车三包规定第十八条：在家用汽车产品保修期内，家用汽车产品出现产品质量问题，消费者凭三包凭证由修理者免费修理(包括工时费和材料费)。

家用汽车产品自销售者开具购车发票之日起60日内或者行驶里程3 000千米之内(以先到者为准)，发动机、变速器的主要零件出现产品质量问题的，消费者可以选择免费更换发动机、变速器。发动机、变速器的主要零件的种类范围由生产者明示在三包凭证上，其种类范围应当符合国家相关标准或规定，具体要求由国家质检总局另行规定。

通过专家对车辆进行检查以及进行相关试验，得出故障原因为右前悬架下控制臂断裂。由于下控制臂断裂导致车身失衡向右侧倾斜，在一定车速下最终撞向护栏。因此故障属于产品质量问题，按照三包规定，销售商应进行维修，但消费者提出的更换整车悬架不适用于三包。

专家点评

对于双方有争执的，建议申请专家对故障进行检查。如果属于产品质量问题的，销售商承担相应责任；反之，销售商免责。根据争议处理流程，首先应该请第三方对争议内容进行判定，从技术分析方面解决此类纠纷，比较有说服力。

4.5.2　悬架减震器渗油需灵活处理

关键词：悬架，减震器，更换车辆，渗油，第二十条

申诉时间：2015年10月29日

购车发票时间：2015年4月18日

行驶里程：6 735km

申诉类型：更换车辆

申诉类型是否适用三包规定：不适用

申诉涉及部件：悬架类减震器

2015年4月18日，祁先生在某4S店购买了一辆家用轿车，购车发票及三包凭证齐全。2015年9月9日到4S店进行常规保养时，偶然发现后桥左边减震器有渗油现象。告知4S店人员后，相关人员对其进行了简单处理表示先跑跑看，有问题再来。祁先生也就照办了。过了一个月祁先生发现渗油现象依然存在，于是找4S店处理。4S店考虑到品牌信誉，就更换了新的减震器。祁先生对此也还满意。可换了之后不到十天，渗油现象不但没解决反而更严重，于是将车开到4S店，以产品质量问题为由提出换车。4S店认为该故障可以维修解决，不同意换车。

案例解析

根据三包规定第二十条：在家用汽车产品三包有效期内，符合本规定更换、退货条件的，消费者凭三包凭证、购车发票等由销售者更换、退货。

家用汽车产品自销售者开具购车发票之日起60日内或者行驶里程3 000千米之内(以先到者为准)，家用汽车产品出现转向系统失效、制动系统失效、车身开裂或燃油泄漏，消费者选择更换家用汽车产品或退货的，销售者应当负责免费更换或退货。

在家用汽车产品三包有效期内，发生下列情况之一，消费者选择更换或退货的，销售者应当负责更换或退货：

(一) 因严重安全性能故障累计进行了2次修理，严重安全性能故障仍未排除或者又出现新的严重安全性能故障的；

(二) 发动机、变速器累计更换2次后，或者发动机、变速器的同一主要零件因其质量问题，累计更换2次后，仍不能正常使用的，发动机、变速器与其主要零件更换次数不重复计算；

(三) 转向系统、制动系统、悬架系统、前/后桥、车身的同一主要零件因其质量问题，累计更换2次后，仍不能正常使用的。

转向系统、制动系统、悬架系统、前/后桥、车身的主要零件由生产者明示在三包凭证上，其种类范围应当符合国家相关标准或规定，具体要求由国家质检总局另行规定。

虽然减震器属于悬架系统主要零件，由于经销商只对其更换了1次，不满足2次更换的次数条件，故不适用于三包更换车的规定。

专家点评

对于此类案例，消费者应当注意，在三包有效期内，退换车需要满足更换次数的条件，同时必须为同一主要零部件，否则就不具备退换资格。

4.5.3　悬架减震器连接损坏不适用换车

关键词：车轮巨响，更换车辆，失控，第三十条

申诉时间：2015年12月27日

购车发票时间：2015年6月7日

行驶里程：4 790km

申诉类型：更换车辆

申诉类型是否适用三包规定：不适用

申诉涉及部件：悬架类减震器

2015年6月7日，陈先生购买某品牌一辆家用轿车，购车发票及三包凭证齐全。陈先生业余时间酷爱飙车。2015年12月25日，在郊区的盘山公路上，经过一段连环弯道时，听到左侧车轮传来剧烈响声，紧接着车辆也失去控制，由于车速过快，车辆发生甩尾横摆在路上。陈先生吓出一身冷汗，缓解了情绪下车一看，左侧减震器上端铰链处损毁，打电话联系4S店，以产品质量问题要求换车，并给予一定精神赔偿。4S店组织了专业人员对此事进行现场检查，通过对车辆受损零件的分析，结合当时的路面情况以及询问陈先生平时的用车习惯，4S店认为故障属于车主用车不当导致，同时提出可以维修，但不给予换车。

案例解析

根据汽车三包规定第三十条：在家用汽车产品保修期和三包有效期内，存在下列情形之一的，经营者对所涉及产品质量问题，可以不承担本规定所规定的三包责任。

(一) 消费者所购家用汽车产品已被书面告知存在瑕疵的；

(二) 家用汽车产品用于出租或者其他营运目的的；

(三) 使用说明书中明示不得改装、调整、拆卸，但消费者自行改装、调整、拆卸而造成损坏的；

(四) 发生产品质量问题，消费者自行处置不当而造成损坏的；

(五) 因消费者未按照使用说明书要求正确使用、维护、修理产品，而造成损坏的；

(六) 因不可抗力造成损坏的。

由于该故障属于消费者未按照使用说明书要求正确使用，导致零部件故障，按照三包规定，不适用于三包更换车。

专家点评

对于此类因非正常使用出现车辆故障的，按照三包规定，销售者可以免除三包责任，消费者应该自费维修。

4.5.4   避震器弹簧脱落可进行维修处理

关键词：悬架，避震器，弹簧，车辆无法使用，第二十条

申诉时间：2013年11月25日

购车发票时间：2013年11月18日

行驶里程：279km

申诉类型：退货

申诉类型是否适用三包规定：不适用

申诉涉及部件：左避震器弹簧

2013年11月18日，黄先生在某4S店购买一辆某品牌家用轿车，购车发票及三包凭证齐全。2013年11月24日下午在小区查看车辆时发现左后轮塌陷，车身将车轮盖住一部分，无法行驶。随即向4S店反映此情况。2013年11月25日，4S店派技术人员到黄先生的小区初步检查后，发现左后轮避震器弹簧不见了，该技术人员亦不敢将此车开回4S店进行详细检测，于是由其申请救援将该车拖至4S店进行检验，发现确实是左后轮避震器弹簧脱落。车主认为，刚从4S店里提车不到几天就出现悬架系统严重故障现象，强烈要求退车。4S店觉得该问题不属于严重故障，可以维修解决，不满足退换车的条件。

案例解析

根据汽车三包规定第二十条：在家用汽车产品三包有效期内，符合本规定更换、退货条件的，消费者凭三包凭证、购车发票等由销售者更换、退货。

家用汽车产品自销售者开具购车发票之日起60日内或者行驶里程3 000千米之内(以先到者为准)，家用汽车产品出现转向系统失效、制动系统失效、车身开裂或燃油泄漏，消费者选择更换家用汽车产品或退货的，销售者应当负责免费更换或退货。

在家用汽车产品三包有效期内，发生下列情况之一，消费者选择更换或退货的，销售者应当负责更换或退货：

(一) 因严重安全性能故障累计进行了2次修理，严重安全性能故障仍未排除或者又出现新的严重安全性能故障的；

(二) 发动机、变速器累计更换2次后，或者发动机、变速器的同一主要零件因其质量问题，累计更换2次后，仍不能正常使用的，发动机、变速器与其主要零件更换次数不重复计算；

(三) 转向系统、制动系统、悬架系统、前/后桥、车身的同一主要零件因其质量问题，累计更换2次后，仍不能正常使用的；转向系统、制动系统、悬架系统、前/后桥、车身的主要零件由生产者明示在三包凭证上，其种类范围应当符合国家相关标准或规定，具体要求由国家质检总局另行规定。

该案例中的故障属于严重安全性能故障，但出现问题是第1次，4S店如果进行维修可以恢复悬架性能，则不能满足退换车的条件。该故障只在满2次修理之后，仍然出现脱落现象时才能满足退换车的条件。

 **专家点评**

对于车辆出现严重安全性能故障的，按照三包规定，需要区别适用的条件，不满足退货要求的，即使是严重安全性能故障也不能退货。

 # 4.6 汽车前/后桥案例分析

4.6.1 半轴油封漏油但车辆用于营运不适用三包规定

关键词：前/后桥，半轴油封漏油，免责，营运，第三十条

申诉时间：2014年11月20日

购车发票时间：2014年10月24日

行驶里程：1 125km

申诉类型：更换总成

申诉类型是否适用三包规定：不适用

申诉涉及部件：半轴

2014年10月24日，尹先生在某4S店购买一辆轿车，购车发票和三包凭证齐全。11月20日，行驶里程1 125km时，车主向4S店反映车辆漏油，要求4S店为其免费进行更换总成。经4S店维修人员检查后确认是半轴油封处密封问题导致的漏油，维修即可。之后4S店偶然得知该车辆在某打车软件平台注册成为"专车"，并已经从事营运工作，因此拒绝承担三包责任。

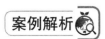 **案例解析**

根据汽车三包第三十条规定：在家用汽车产品保修期和三包有效期内，存在下

列情形之一的，经营者对所涉及产品质量问题，可以不承担本规定所规定的三包责任。

(一) 消费者所购家用汽车产品已被书面告知存在瑕疵的；

(二) 家用汽车产品用于出租或者其他营运目的的；

(三) 使用说明书中明示不得改装、调整、拆卸，但消费者自行改装、调整、拆卸而造成损坏的；

(四) 发生产品质量问题，消费者自行处置不当而造成损坏的；

(五) 因消费者未按照使用说明书要求正确使用、维护、修理产品，而造成损坏的；

(六) 因不可抗力造成损坏的。

本案例中的车辆已经从事营运，4S店可以免除三包责任。

专家点评

汽车三包规定明确规定，用于出租或其他营运目的的家用汽车产品不在三包规定范围内。

4.6.2　前/后桥传动轴首次故障无法更换或退货

关键词：前/后桥，传动轴，异响，修理，第二十条

申诉时间：2015年10月25日

购车发票时间：2015年9月10日

行驶里程：6 549km

申诉类型：退货

申诉类型是否适用三包规定：不适用

申诉涉及部件：传动轴

2015年9月10日邢先生在某4S店购买了一辆汽车，购车发票和三包凭证齐全。使用一个多月后，10月25日，行驶里程6 549km时，车主向4S店反映该车在车速20km/h以上时，底盘前部会发出"哐哐哐"的异响。车速提高后，在车底板处也能感受到明显的振动感。经4S店维修人员检查发现，右侧半轴内侧万向节存在径向间

隙。4S店称更换右半轴内侧万向节就可以排除故障。但车主认为新车刚用一个多月就出现问题，坚持要求退车。

案例解析

根据汽车三包规定第二十条：在家用汽车产品三包有效期内，发生下列情况之一，消费者选择更换或退货的，销售者应当负责更换或退货：

(一) 因严重安全性能故障累计进行了2次修理，严重安全性能故障仍未排除或者又出现新的严重安全性能故障的；

(二) 发动机、变速器累计更换2次后，或者发动机、变速器的同一主要零件因其质量问题，累计更换2次后，仍不能正常使用的，发动机、变速器与其主要零件更换次数不重复计算；

(三) 转向系统、制动系统、悬架系统、前/后桥、车身的同一主要零件因其质量问题，累计更换2次后，仍不能正常使用的。

转向系统、制动系统、悬架系统、前/后桥、车身的主要零件由生产者明示在三包凭证上，其种类范围应当符合国家相关标准或规定，具体要求由国家质检总局另行规定。

虽然该案例中的故障问题是前/后桥中的主要零部件导致的，但是因为该零部件从未维修过，该车前/后桥也没有更换过，所以不符合更换或退货条件，4S店应先进行维修处理。

专家点评

在三包有效期内，车桥系统中的主要零部件首次故障，销售者应先进行维修处理。

4.6.3　车桥变形导致车轮偏磨适用维修处理

关键词：车桥变形，市内行驶，车轮偏磨，第十八条

申诉时间：2015年10月15日

购车发票时间：2014年6月10日

行驶里程：1 956km

申诉类型：更换车后桥

申诉类型是否适用三包规定：不适用

申诉涉及部件：车桥

2014年6月10日，张先生购买某品牌一辆家用轿车，购车发票及三包凭证齐全。2015年10月15日，张先生照常到4S店做常规保养。保养师傅在对车辆进行常规安全检查时发现，该车的后轮内侧偏磨严重，特别是右后轮，而且后桥有变形的现象，需要更换后桥。张先生讲自从车买来就一直在市内驾驶，从没到颠簸的山路驾驶过，遇到这样的故障，车主向4S店提出免费更换车后桥。4S店却要求车主自费维修。

案例解析

根据汽车三包规定第十八条：在家用汽车产品保修期内，家用汽车产品出现产品质量问题，消费者凭三包凭证由修理者免费修理(包括工时费和材料费)。

家用汽车产品自销售者开具购车发票之日起60日内或者行驶里程3 000千米之内(以先到者为准)，发动机、变速器的主要零件出现产品质量问题的，消费者可以选择免费更换发动机、变速器。发动机、变速器的主要零件的种类范围由生产者明示在三包凭证上，其种类范围应当符合国家相关标准或规定，具体要求由国家质检总局另行规定。

家用汽车产品的易损耗零部件在其质量保证期内出现产品质量问题的，消费者可以选择免费更换易损耗零部件。易损耗零部件的种类范围及其质量保证期由生产者明示在三包凭证上。生产者明示的易损耗零部件的种类范围应当符合国家相关标准或规定，具体要求由家质检总局另行规定。

由于车桥变形导致车辆偏磨严重，按照三包十八条规定，在三包有效期内，产品质量出现问题的，销售商应该承担相应的责任，但是消费者提出的更换车桥的要求不在相关规定中，对于具体的处理方案，双方可以协商解决。

专家点评

对于因产品质量出现故障的这类案例，经销商应该承担合理的责任。双方可以本着友善互退一步的方式进行解决。

 4.7　汽车车身案例分析

4.7.1　车身车窗故障可以修理

关键词：加装行车记录仪，车身零件，修理，车窗玻璃升降器故障，第十八条

申诉时间：2016年5月20日

购车发票时间：2015年7月18日

行驶里程：7 260km

申诉类型：修理

申诉类型是否适用三包规定：适用

申诉涉及部件：车窗玻璃升降器

2015年07月18日，扬中市消费者万先生在某4S店购买了一辆家用轿车，购车发票及三包凭证齐全。2016年5月20日，发现副驾驶车门电动车窗玻璃升降器出现故障，将车开到4S店，要求免费修理。4S店和车主协商后，决定先检查车。检查中发现，该车主张先生在某汽车美容店加装了行车记录仪。4S店认为车主张先生自行改装了车辆，该情况应属于三包责任的免除条件；车主张先生认为在三包期内，汽车零部件损坏，4S店应免费修理。

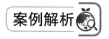案例解析

根据汽车三包规定第十八条：在家用汽车产品保修期内，家用汽车产品出现产品质量问题，消费者凭三包凭证由修理者免费修理(包括工时费和材料费)。

第三十条：在家用汽车产品保修期和三包有效期内，存在下列情形之一的，经营者对所涉及产品质量问题，可以不承担本规定所规定的三包责任。

(一) 消费者所购家用汽车产品已被书面告知存在瑕疵的；

(二) 家用汽车产品用于出租或者其他营运目的的；

(三) 使用说明书中明示不得改装、调整、拆卸，但消费者自行改装、调整、拆卸而造成损坏的；

(四) 发生产品质量问题，消费者自行处置不当而造成损坏的；

(五) 因消费者未按照使用说明书要求正确使用、维护、修理产品，而造成损坏的；

(六) 因不可抗力造成损坏的。

该车主购买车确实出现该故障，但该故障原因并非由于加装行车记录仪引起，故不适用于三包规定的第三十条第三款免责条款，应根据三包规定的第十八条执行。

专家点评

在双方意见产生争执无法达成一致时，可以选择向质监部门求助，通过技术专家对故障进行检查判断。如果故障与改装有关，那么就不在三包内；如果无关，经营者就有责任进行维修。

4.7.2　车身天窗排水管安装不良可维修

关键词：天窗排水管，安装不良，更换车辆，车内漏水，第二十条

申诉时间：2016年11月17日

购车发票时间：2016年9月28日

行驶里程：2 216km

申诉类型：更换车辆

申诉类型是否适用三包规定：不适用

申诉涉及部件：天窗

2016年9月28日，市民台先生于无锡市某品牌4S店购买一辆全新途胜汽车，购车发票和三包凭证齐全。在2016年10月26日，该车出现内部漏水现象。在4S店内维修检查发现，天窗排水管安装不良，导致堵塞。4S店认为排水管已经修复，漏水问题已经解决，而市民徐先生则要求退换车辆。

案例解析

根据汽车三包规定第二十条：在家用汽车产品三包有效期内，符合本规定更换、退货条件的，消费者凭三包凭证、购车发票等由销售者更换、退货。

家用汽车产品自销售者开具购车发票之日起60日内或者行驶里程3 000千米之内(以先到者为准)，家用汽车产品出现转向系统失效、制动系统失效、车身开裂或燃油泄漏，消费者选择更换家用汽车产品或退货的，销售者应当负责免费更换或退货。

由于天窗排水管不属于车身主要部件，漏水非车身开裂导致，因此不具备退换车的条件。

专家点评

消费者在向4S店提出退换车要求之前应该把发生在车身上的故障与三包凭证进行对照。天窗排水管安装不良导致的车辆内部漏水问题，按照三包规定，不满足退换车条件，对其进行维修即可解决。

4.7.3　车身车门做过油漆怀疑售前发生事故不适用三包规定

关键词：碰擦事故，退一赔三，退车，车门做过油漆，消费者权益保护法

申诉时间：2015年12月2日

购车发票时间：2015年4月27日

行驶里程：5 215km

申诉类型：退货

申诉类型是否适用三包规定：不适用

申诉涉及部件：车身油漆

2015年4月27日，朱女士在某4S店购买了一辆晶锐1.4自动挡轿车，购车发票和三包凭证齐全。2015年12月2日，行驶5 215千米，车主的儿子发现左前门有做过油漆的痕迹，车主怀疑车辆在销售前出过碰擦事故，认为4S店存在欺诈行为，将车开到4S店，要求退一赔三。4S店技术人员检查后，发现车辆确实做过油漆，但无法判断油漆是何时做的，也无法判断是4S店做的还是车主在外面做的。4S店认为客户在购车时已对新车外观进行了检查、确认、签字，且车辆已使用了半年多，考虑客户购买了店内的车，且行驶里程不多，4S店同意给予免费更换新门，但不同意退一赔三。

案例解析

根据《中国华人民共和国消费者权益保护法》第二十三条：经营者提供的机动车、计算机、电视机、电冰箱、空调器、洗衣机等耐用商品或者装饰装修等服务，消费者自接受商品或者服务之日起六个月内发现瑕疵，发生争议的，由经营者承担有关瑕疵的举证责任。根据《中国华人民共和国消费者权益保护法》第五十五条：经营者提供商品或者服务有欺诈行为的，应当按照消费者的要求增加赔偿其受到的损失，增加赔偿的金额为消费者购买商品的价款或者接受服务的费用的三倍；增加赔偿的金额不足五百元的，为五百元。法律另有规定的，依照其规定。

由于无法判断油漆是4S店销售之前做的还是客户购买后做的，根据消费者权益保护法，车辆购买时间超过了六个月，需要客户自行举证，而实际情况鉴定、举证都相当困难，本着减少矛盾、切实解决问题的原则，建议双方友好协商解决，协商不成可申请仲裁或诉诸法院。

**专家点评**

退一赔三属于消费者权益保护法范围。在汽车三包规定范围内，产品在销售

前就出现质量问题的，经营者应该如实告知客户，与客户进行沟通；如果有意隐瞒的，经营者应当接受消费者提出的符合规定的三包责任要求。同时消费者在遇到此类情况时应该注意收集相关的事实证据，以做充分证明之用。

4.7.4 车身改装漏水不能保修

关键词：后备厢，改装，维修，漏水，第三十条

申诉时间：2016年10月29日

购车发票时间：2014年10月24日

行驶里程：21 000km

申诉类型：修理

申诉类型是否适用三包规定：不适用

申诉涉及部件：车身类后备厢

2014年10月24日，王先生在泰州某4S店购买了一辆轿车，购车发票及三包凭证齐全。2016年10月29日，行驶21 000千米，发现后备厢漏水，将车开到4S店，要求免费维修，并给予一定的补偿。4S店技术人员检查后发现车辆改装了后部摄像头，因为不规范作业导致车辆局部结构受到损坏，引起后备厢漏水。4S店认为车辆粗暴改装是导致后备厢漏水的直接原因，不属于产品质量问题，不适用三包条件，且车辆只在4S店做过一次免费首保，存在漏保现象。车主对4S店的检查表示质疑，要求免费维修，并给予补偿。

案例解析

根据汽车三包规定第三十条：在家用汽车产品保修期和三包有效期内，存在下列情形之一的，经营者对所涉及产品质量问题，可以不承担本规定所规定的三包责任。

(一) 消费者所购家用汽车产品已被书面告知存在瑕疵的；

(二) 家用汽车产品用于出租或者其他营运目的的；

(三) 使用说明书中明示不得改装、调整、拆卸，但消费者自行改装、调整、拆卸而造成损坏的；

(四) 发生产品质量问题，消费者自行处置不当而造成损坏的；

(五) 因消费者未按照使用说明书要求正确使用、维护、修理产品，而造成损坏的；

(六) 因不可抗力造成损坏的。

现场试车检查后发现，由于装潢店改装时破坏了车辆局部结构，是导致后备厢漏水的直接原因，不属于产品质量问题。

专家点评

消费者在使用车辆时应当遵照使用说明书，对于书中明令规定条款，消费者不应该触犯。因改装导致车辆零部件损坏的这类故障，不适用于三包。但消费者可以向装潢店主张权利，由装潢店承担车主的损失。

4.7.5　车身密封问题不适用退车

关键词：车身开裂，密封，修理，车内漏水，第二十条

申诉时间：2015年10月25日

购车发票时间：2015年10月20日

行驶里程：365km

申诉类型：退货

申诉类型是否适用三包规定：不适用

申诉涉及部件：前部防火墙与左侧纵梁结合处的密封胶

2015年10月20日，徐先生在某4S店购买了一辆某品牌轿车，购车发票及三包凭证齐全。2015年10月25日，发现驾驶座椅脚垫下面有积水，将车开到4S店。4S店和车主协商后，决定先检查车。经技师诊断，发现故障原因是前部防火墙与左侧纵梁结合处的密封胶密封不到位导致下雨天有积水流进驾驶室内形成积水。4S店认为可以对故障处打胶密封解决问题，车主觉得新车就出现车内漏水现象，应该退车。

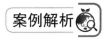

根据汽车三包规定第二十条：　在家用汽车产品三包有效期内，符合本规定更

换、退货条件的，消费者凭三包凭证、购车发票等由销售者更换、退货。

在家用汽车产品三包有效期内，家用汽车产品自销售者开具购车发票之日起60日内或者行驶里程3 000千米之内(以先到这为准)，家用汽车产品出现转向系统失效、制动系统失效、车身开裂或燃油泄漏，消费者选择更换家用汽车产品或退货的，销售者应当负责免费更换或退货。

由于该车主购买车出现的问题并不是车身开裂，而是由于密封不到位导致的故障；按照三包相关规定，其不适用于第二十条退货条件。备注：该品牌轿车承诺9月1日起执行三包规定。

专家点评

对于密封胶密封不严实的这类问题，根据汽车三包的相关规定，只需要进行维修即可，不需要做更换或退货处理。

4.7.6　大客车车身倾斜不在三包范围内

关键词：大客车，车身倾斜，退车

申诉时间：2016年11月3日

购车发票时间：2015年2月5日

行驶里程：32 000km

申诉类型：退货

申诉类型是否适用三包规定：不适用

申诉涉及部件：车身倾斜

2015年2月5日，张先生在某店购买某大型载客汽车。行驶了30 000千米左右，车主也没发现问题。偶然同行车友在后部跟车，发现该车在车辆正常行驶时，后部明显观察到整车车身向右倾斜。在车辆进服务站检查后发现，该车确实存在车主描述故障。通过初步检查，未能发现明显故障点，因继续检查费用比较高，车主不认可该费用。车主认为该车自使用以来，未出现过造成车身向右歪的事故或不当驾驶，只是未第一时间发现该故障，现要求退车。

案例解析

　　根据汽车三包规定和三包服务手册，该车的维修确实不在三包以内，服务站无法处理。经与主机厂协商，该车未发现明显受损点，证明车辆未有事故发生，进一步检查也未发现零部件故障，考虑到车辆行驶安全，从成本考虑，建议主机厂给予维修。

专家点评

　　由于该车属于载客汽车，其不在三包服务范围内，因而三包规定不适用于该类问题，销售者可以选择其他方式来维护自己的合法权益。

4.7.7　车身锈蚀经营者可免责

关键词：外部环境，正确使用，免责，车身锈蚀，第三十条

申诉时间：2016年2月10日

购车发票时间：2015年12月18日

行驶里程：2 520km

申诉类型：更换车辆

申诉类型是否适用三包规定：不适用

申诉涉及部件：车身锈蚀

2015年12月18日，孟小姐在某4S店购买一辆卡罗拉轿车，购车发票和三包凭证齐全。2016年2月10日，车辆行驶2 520千米时，洗车时发现车身不同部位出现密密麻麻的锈蚀小点，于是将车开到4S店讨说法。4S店和客户沟通后，本着实事求是的方针查找问题，经技师抛光打磨，锈蚀小点可以处理掉，则认为是外部漂浮物长时间造成的，不是车辆质量问题。客户认为是车身本身出现锈蚀，造成车身腐蚀生锈，应该换车或退车。

案例解析

依据汽车三包规定第三十条：在家用汽车产品保修期和三包有效期内，存在下列情形之一的，经营者对所涉及产品质量问题，可以不承担本规定所规定的三包责任。

(一) 消费者所购家用汽车产品已被书面告知存在瑕疵的；

(二) 家用汽车产品用于出租或者其他营运目的的；

(三) 使用说明书中明示不得改装、调整、拆卸，但消费者自行改装、调整、拆卸而造成损坏的；

(四) 发生产品质量问题，消费者自行处置不当而造成损坏的；

(五) 因消费者未按照使用说明书要求正确使用、维护、修理产品，而造成损坏的；

(六) 因不可抗力造成损坏的。

对此辆车经实际核查，客户上班在一个模具加工厂和一个化工厂附近，因模具的粉尘漂浮和化工厂的空气污染，落在车身上，造成该现象。依据家用三包规定，消费者未按照车辆使用说明书要求正确使用，则不给予免费维修和退换车。

专家点评

由于车身锈蚀是消费者没有按照说明书要求正确使用造成，因此对于消费者未按照汽车使用说明书正确使用、保养以及维护从而导致车辆出现问题的，根据汽车三包相关规定，经营者可以免除三包责任。

4.7.8　车身油漆问题经销商可以免责

关键词：产品质量，免责，车身油漆色差，第二十条

申诉时间：2015年6月12日

购车发票时间：2015年5月1日

行驶里程：1 000km

申诉类型：更换车辆

申诉类型是否适用三包规定：不适用

申诉涉及部件：车身油漆

2015年5月1日，朴先生购买了某品牌轿车一辆，购车发票和三包凭证齐全。使用一个多月，一次洗车时，洗车工告诉客户说右后车门漆与车身漆颜色有色差，怀疑车辆车身修理过，投诉经销商要求换车。经销商不承认对该车进行过修理作业，并指出客户使用车辆已经一个多月，在该时间内不能排除客户自己的责任。

案例解析

根据汽车三包规定第二十条：在家用汽车产品三包有效期内，符合本规定更换、退货条件的，消费者凭三包凭证、购车发票等由销售者更换、退货。

家用汽车产品自销售者开具购车发票之日起60日内或者行驶里程3 000千米之内(以先到者为准)，家用汽车产品出现转向系统失效、制动系统失效、车身开裂或燃油泄漏，消费者选择更换家用汽车产品或退货的，销售者应当免费更换或退货。

经过专家的仔细检查，明确指出车身没有质量问题。按照三包规定，因此不满足更换或退货条件。

专家点评

在汽车三包期内，不是由于产品本身质量问题造成的车辆故障，销售者可以免除三包责任。同时若车辆本身存在缺陷，销售者应提前告知消费者。

4.7.9　车身天窗间隙偏大不是退车理由

关键词：天窗，密封条更换，间隙偏大，第三十二条

申诉时间：2016年3月10日

购车发票时间：2016年3月4日

行驶里程：497km

申诉类型：退货

申诉类型是否适用三包规定：不适用

申诉涉及部件：天窗密封条

2016年3月4日，陈小姐到某4S店购买了一辆SUV，购车发票及三包凭证齐全。行驶了497千米，陈小姐的朋友无意间晚上发现天窗某个角落有点儿光，而且密封条与车顶间隙偏大，担心漏水。2016年3月10日到4S店检查未发现明显故障，用水枪测试，天窗无漏水迹象。按客户要求，4S店帮客户申请向厂方更换密封条。更换后，客户依然不放心，要求自己再冲水测试。她用水枪直接对密封条间隙，一瞬间车内有水渗入。

4S店及时向厂方技术服务科咨询，总是解释全景天窗排水槽就是这样，如果用高强度水枪对着一个部位使劲冲肯定会有水花溅进，因为密封条也不可能完全密封，它有一定的承压范围，而且车子出厂也都是进过高压高强度淋雨防测试，所以没有问题。车主还是认为天窗有问题，要求退车。

案例解析

根据汽车三包规定第三十二条，家用汽车产品三包责任争议的，消费者可以与经营者协商解决；可以依法向各级消费者权益保护组织等第三方社会中介机构请求调解解决；可以依法向质量技术监督部门等有关行政部门申诉进行处理。

双方不愿意通过协商调解解决或者协商，调解无法达成一致的，可以根据协议申请仲裁，也可以依法向人民法院起诉。由于此争议不属于质量问题，不具备更换车的条件建议协商解决。

**专家点评**

对于不属于产品质量问题的情况，不适用于三包，建议双方协商解决问题。

4.7.10　车身漏水累计修理5次才能换车

关键词：空调外循环口密封，更换车辆，驾驶室漏水，第二十一条

申诉时间：2016年7月20日

购车发票时间：2016年2月2日

行驶里程：5 600km

申诉类型：更换车辆

申诉类型是否适用三包规定：不适用

申诉涉及部件：空调外循环

2016年2月2日，李先生在徐州某4S店购买了一辆自动挡轿车，购车发票及三包凭证齐全。2016年7月20日，行驶5 600千米。由于连续数天下雨，发现副驾驶室位地板有积水。消费者先后到4S店维修了3次，可是漏水问题依然没有得到解决，消费者要求4S店换车。4S店和客户协商后，先对车辆进行检查。经技术人员确认，空调外循环口密封有问题。4S店认为，可以维修好，不应换车。

案例解析

根据汽车三包规定第二十一条：在家用汽车产品三包有效期内，因产品质量问题修理时间累积超过35日的，或者因同一产品质量问题累积修理超过5次的，消费者可以凭三包凭证、购车发票，由销售者负责更换。

由于产品同一质量问题累计维修没有超过5次，只有3次，按照汽车三包规定，不符合更换的条件，只能维修解决。

专家点评

该案例未明确先后到4S店维修了3次，且因产品质量问题修理时间是否累计超过35日，无法判定。如果未超过，按照三包规定，不符合换车的条件，只能进行维修。

4.7.11　改装导致车辆起火不适用三包

关键词：加装导航，三包免除，车辆起火，第三十条

申诉时间：2014年1月21日

购车发票时间：2013年11月28日

行驶里程：5 013km

申诉类型：退货

申诉类型是否适用三包规定：不适用

申诉涉及部件：仪表台电路

2013年11月28日，张先生从南京某4S店购买一辆进口SUV家用汽车，购车发票及三包凭证齐全。2014年1月6日(行驶里程5 013km)，车主驾驶该车在低速行驶过程中发生了起火，驾驶室前部、仪表台及发动机舱内的部分零部件烧毁。经制造商技术人员鉴定，该车辆为车主后加装导航原因所致。

4S店和主机厂认为，车辆起火源在于仪表台内线路短路，车主首先在经销商或生产商不允许的情况下私自加装导航和行车记录仪等电器设备，破坏了原有的电路设计，是导致车辆起火的根源，同时经美国生产商的鉴定，该车辆起火由线路短路引起，不排除非规范加装电器用品导致。

车主不赞同主机厂及4S店说法"起火原因由加装导航导致，且不予索赔"的处理方案，车主认为车辆起火属安全性严重故障，车辆刚购买4个多月，4S店应该给予退车处理。另外，车主购车时所缴纳的购置税、车辆装潢等需4S店另外赔偿32 000元人民币。

案例解析

根据汽车三包规定第三十条：在家用汽车产品保修期和三包有效期内，存在下列情形之一的，经营者对所涉及产品质量问题，可以不承担本规定所规定的三包责任。

(一) 消费者所购家用汽车产品已被书面告知存在瑕疵的；

(二) 家用汽车产品用于出租或者其他营运目的的；

(三) 使用说明书中明示不得改装、调整、拆卸，但消费者自行改装、调整、拆卸而造成损坏的；

(四) 发生产品质量问题，消费者自行处置不当而造成损坏的；

(五) 因消费者未按照使用说明书要求正确使用、维护、修理产品，而造成损坏的；

(六) 因不可抗力造成损坏的。

由于故障因消费者改装导致，按照三包规定，不适用于更换车。

专家点评

起火原因双方有争议时，首先建议司法鉴定，判定车辆起火原因。如果属于车辆质量问题，应按照三包规定处理。反之，不属于三包范围。

4.7.12　改装制动灯造成故障不适用三包

关键词：说明书，改装，检查后制动灯，第三十条

申诉时间：2016年9月17日

购车发票时间：2016年8月14日

行驶里程：1 648km

申诉类型：退货

申诉类型是否适用三包规定：不适用

申诉涉及部件：车身电脑(BCM)

2016年8月14日，吴女士在某4S店购买了一辆轿车，购车发票及三包凭证齐全。2016年9月17日，出现仪表总是提示请检查后制动灯现象。用户反馈没有后制动灯，该问题严重涉及安全。该车一周前由于仪表报后制动灯故障更换过一次车身电脑(BCM)，此次用户将车开到4S店，以影响行车安全为理由，要求退车。4S店和车主协商后，决定检查车。经技师诊断发现后制动灯依旧正常点亮，在用新的车身电脑(BCM)测试过程中仪表又报出故障。于是检查电路。

经过检查发现制动踏板过来的主、副制动给ECU的信号都正常，其中主制动信号分支给BCM的信号也是正常。然后检查制动输出。

检查输出电压正常，检查输出电流比较高，怀疑是有线路短路，于是检查电路。一直检查到制动灯电源和接地都正常，服务站只能查维修资料，最终发现是灯泡功率变化造成的。和用户沟通才了解到，用户认为原厂的制动灯不亮，然后加装了大功率的制动灯，造成车身电脑(BCM)报警，并把信号传递给了仪表。4S店认为

车辆制动效能正常,至于制动灯故障是由于用户不当改装造成车身电脑(BCM)功率监测报错造成,不应退车。

案例解析

　　根据汽车三包规定第三十条:在家用汽车产品保修期和三包有效期内,存在下列情形之一的,经营者对所涉及产品质量问题,可以不承担本规定所规定的三包责任。

　　(一) 消费者所购家用汽车产品已被书面告知存在瑕疵的;

　　(二) 家用汽车产品用于出租或者其他营运目的的;

　　(三) 使用说明书中明示不得改装、调整、拆卸,但消费者自行改装、调整、拆卸而造成损坏的;

　　(四) 发生产品质量问题,消费者自行处置不当而造成损坏的;

　　(五) 因消费者未按照使用说明书要求正确使用、维护、修理产品,而造成损坏的;

　　(六) 因不可抗力造成损坏的。

　　车辆制动灯报警是由于用户不当改装后制动灯导致,与车身电脑(BCM)无关,厂家可不承担相应三包责任。

专家点评

　　消费者要按照使用说明书的相关要进行使用和维护保养,同时关注销售者是否明确提醒消费者阅读安全注意事项。

4.7.13　车身多处出现问题也不是退货的理由

关键词:手感应不好,电瓶盖板不好,左前窗升降有异响,第十八条

申诉时间:2016年9月28日

购车发票时间:2016年8月16日

行驶里程：4 933km

申诉类型：退货

申诉类型是否适用三包规定：不适用

申诉涉及部件：车身

2016年8月16日，邝先生在常州某4S店购买了一辆全新轿车，购车发票及三包凭证齐全。2016年9月28日，发现门把手感应不好、电瓶盖板不好、左前窗升降有异响等问题，将车开到4S店，要求退车。4S店和车主协商后，决定先检查。经技师诊断，发现并告知车主这些问题可以做更换或维修处理。车主认为此车出现很多不同的问题，应退车；4S店认为可以修理解决问题，不应退车。

案例解析

根据汽车三包规定第十八条：在家用汽车产品保修期内，家用汽车产品出现产品质量问题，消费者凭三包凭证由修理者免费修理(包括工时费和材料费)。

家用汽车产品自销售者开具购车发票之日起60日内或者行驶里程3 000千米之内(以先到者为准)，发动机、变速器的主要零件出现产品质量问题的，消费者可以选择免费更换发动机、变速器。发动机、变速器的主要零件的种类范围由生产者明示在三包凭证上，其种类范围应当符合国家相关标准或规定，具体要求由国家质检总局另行规定。

由于故障不影响车辆正常行驶，按照三包规定，其不属于主要零件出现质量问题，故不适用于更换车，销售商对其进行维修处理。

专家点评

按照三包规定，非主要零件出现质量问题的，销售商应进行维修。

4.7.14　出了"三包"也能"修"

关键词：已出三包规定条件，更换车辆，漏水，第二十一条

申诉时间：2016年10月12日

购车发票时间：2014年9月24日

行驶里程：64 950km

申诉类型：更换车辆

申诉类型是否适用三包规定：不适用

申诉涉及部件：车身漏水

2014年9月24日，魏先生在宿迁某4S店购买一辆自动挡轿车，购车发票及三包凭证齐全。2016年4月16日车出现抛锚无法行驶的现象。4S店维修技师到救援现场将车拖至4S店拆检后确诊为自动变速箱内部损坏导致车辆无法行驶，在4S店索赔更换一个新的自动变速箱总成。2016年5月9日发现行驶中升挡有冲击感，车主将车开到4S店，经维修技师检查后确诊为自动变速箱内传感器故障导致行驶中升挡有冲击感。经4S店与车主沟通后索赔更换传感器后故障排除。

2016年8月2日车主发现车的底盘漏油，将车开到4S店检查，确诊为半轴油封密封不良导致漏油，4S店给索赔更换一个新的半轴油封后故障排除。2016年10月6日，车主发现后备厢有漏水现象，将车开到4S店检查，由于后备厢漏水故障要长时间下雨才能出现，所以在4S店维修了3次才排除漏水故障。车主以"同一产品质量问题修理时间累计超过5次"为由，提出换车要求，并投诉到当地315协会。

经服务总监与车主沟通解释说明此车故障已累计修理6次，但前3次与后3次的故障是由车身上不同的零部件导致的，故未达到"同一产品质量问题累计修理超过5次的换车条件"，4S店认为不是同一产品质量问题未达到换车条件，并可以修理解决问题，不应换车。

案例解析

根据汽车三包规定第二十一条：在家用汽车产品三包有效期内，因产品质量问题修理时间超过35日的，或者因同一产品质量问题累计修理超过5次的，消费者可以凭三包凭证、购车发票，由销售者负责更换。

该车主购买车辆确实出现了多种故障，并且4S店也积极主动地给予了修理并解决问题了。因6次修理累计时间未达到35日和不是同一产品质量问题累计修理超过5

次，销售者可以修理，不应更换车辆。该汽车品牌承诺实行5年10万千米的保修服务，该案例虽然不能适用汽车"三包"规定，但可以适用生产者的保修承诺，依然可以进行免费修理。

专家点评

由于行驶里程已经超出60 000千米，按照汽车三包条例规定，销售者应该按照三包凭证上实际规定的保修时间或里程对车辆负责，即提供免费维修。

4.7.15　装货导致侧窗玻璃脱落非三包责任

关键词：未按照说明书使用，三包责任免除，侧窗玻璃脱落破碎，第三十条

申诉时间：2016年4月22日

购车发票时间：2016年1月26日

行驶里程：16 037km

申诉类型：修理

申诉类型是否适用三包规定：不适用

申诉涉及部件：车窗玻璃

2016年1月26日，王先生购买某品牌家用车一辆，购车发票及三包凭证齐全。在2016年4月22日行驶16 037千米时，发生行驶途中左侧车窗玻璃脱落并掉地碎裂故障。车主抱怨极大，要求修复车辆故障并予以补偿。维修技师对故障第一现场情况进行充分了解，车主车辆是以装货为主，货物装载高度往往高于侧窗玻璃；经分析判断，故障应为货物过高且长期挤压侧窗玻璃造成松动导致脱落，不是产品质量问题；车主要求维修索赔及补偿的要求应该不合理。

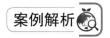案例解析

根据汽车三包规定第三十条：在家用汽车产品保修期和三包有效期内，存在下列情形之一的，经营者对所涉及产品质量问题，可以不承担本规定所规定的三包责任。

（一）消费者所购家用汽车产品已被书面告知存在瑕疵的；

（二）家用汽车产品用于出租或者其他营运目的的；

（三）使用说明书中明示不得改装、调整、拆卸，但消费者自行改装、调整、拆卸而造成损坏的；

（四）发生产品质量问题，消费者自行处置不当而造成损坏的；

（五）因消费者未按照使用说明书要求正确使用、维护、修理产品，而造成损坏的；

（六）因不可抗力造成损坏的。

车主使用车辆用于货物运输且使用过程中货物长期挤压侧窗玻璃是导致故障发生的原因，这是车主未正确使用车辆造成的损坏，不是产品质量问题，应该由车主承担责任。

专家点评

消费者未按照使用说明书要求正确使用、维护、修理产品而造成损坏的不属于三包范围。该车左侧车窗玻璃脱落碎裂是否属于车辆车身质量问题举证不足；销售者认为故障为货物过高且长期挤压侧窗玻璃造成松动导致脱落无足够证据，也没有获得申述方认可。

4.7.16 以前车门维修导致的故障可更换

关键词：事故钣喷，更换车门，车门打不开，第十八条

申诉时间：2016年11月26日

购车发票时间：2015年5月28日

行驶里程：18 146km

申诉类型：更换车门

申诉类型是否适用三包规定：适用

申诉涉及部件：车门

2015年5月28日，黄先生购买某4S店一辆家用轿车，购车发票及三包凭证齐全。2016年11月5日到4S店检修左后门不能打开的问题。经过维修店技师的最终检

查确认,该故障点为左后门锁总成问题,不可维修调整,必须更换。但是在检查时发现该车左后门进行过事故钣喷维修,左后门锁有人为的痕迹(钣喷作业的油漆);查询维修记录,确实在该4S店有过更换左后门锁挂钩的记录。

4S店认为虽然该左后门锁的质量问题在质保时限和范围内,但是由于有后期的人为痕迹,4S店无法向主机厂进行索赔。车主认为该问题不是自己的作为所致,而是由于该汽车品牌集团旗下的店造成,所以应该给予解决。

案例解析

根据汽车三包规定第十八条:在家用汽车产品保修期内,家用汽车产品出现产品质量问题,消费者凭三包凭证由修理者免费修理(包括工时费和材料费)。

由于产品出现的故障属于维修人员在操作上的失误,按照相关法律条款规定,销售商应当承担相应的责任,负责更换相关门锁总成。

专家点评

对于产品出现质量问题,而非消费者人为造成的,按照汽车三包规定,销售商应当维修处理。

4.8　汽车易损耗零部件案例分析

4.8.1　燃油滤清器导致漏油只更换滤清器

关键词:燃油滤清器,易损件,更换车辆,漏汽油,第十八条

申述时间:2014年5月13日

购车发票时间:2014年5月7日

行驶里程:150km

申诉类型：退货

申诉类型是否适用三包规定：不适用

申诉涉及部件：易损耗类燃油滤清器

2014年5月7日，陈先生在某4S店购买了一辆经典福克斯，购车发票及三包凭证齐全。2014年5月13日新车出现了漏汽油的故障，将车开到4S店后要求退车。4S店和车主沟通协商后，决定先检查车、诊断故障原因。经技师诊断故障确实存在，并告知车主由于燃油格产品质量问题，导致燃油有泄漏。客户认为车是新的，汽车三包规定车身有漏油现象发生，经销商应该免费更换车辆和退车，而4S店认为故障为简单的易损易耗件损坏，根据三包规定直接免费更换即可。

案例解析

根据汽车三包规定第十八条：家用汽车产品的易损耗零部件在其质量保证期内出现产品质量问题的，消费者可以选择免费更换易损耗零部件。

易损耗零部件的种类范围及其质量保证期由生产者明示在三包凭证上。生产者明示的易损耗零部件的种类范围应当符合国家相关标准或规定，具体要求由国家质检总局另行规定。

该车主购买车确实出现燃油滤清器漏汽油，但是由于燃油滤清器属于易损易耗件，根据规定应予以免费更换，不符合退换车的规定。

专家点评

对于燃油滤清器这类易损耗零部件，按照汽车三包规定，其不具备更换或退车的条件，可对其进行维修处理。

4.8.2　轮胎非正常磨损可免费换胎调整

关键词：轮胎，易损件，修理，磨损严重，第十八条

申述时间：2014年8月10日

购车发票时间：2013年10月8日

行驶里程：15 000km

申诉类型：更换轮胎

申诉类型是否适用三包规定：适用

申诉涉及部件：易损耗类轮胎

2013年10月8日，张女士在某4S店购买了一辆瑞风轿车，购车发票及三包凭证齐全。2014年8月10日，发现前轮胎内侧磨损严重，将车开到4S店，要求更换所有车轮。4S店认为车轮为易损耗件不同意免费更换。车主认为汽车使用不到一年，车轮就出现严重磨损，应当免费更换。

案例解析

根据汽车三包规定第十八条：家用汽车产品的易损耗零部件在其质量保证期内出现产品质量问题的，消费者可以选择免费更换易损耗零部件。

易损耗零部件的种类范围及其保证期由生产者明示在三包凭证上。生产者明示的易损耗零部件的种类范围应当符合国家相关标准或规定，具体要求由国家质检总局另行规定。

虽然轮胎属于易损耗零件，但按照汽车三包的相关规定，在三包有效期内出现产品质量问题的，销售商应该进行更换维修。

专家点评

轮胎虽然为易损耗零部件，但是才使用一年并没有超过规定的保证期，并且轮胎出现内测严重磨损，应该是车轮定位参数不对造成的，还是属于汽车的质量问题，按照三包规定，应该由4S店负责免费更换。

4.8.3　轮胎起鼓保修期内可以免费更换

关键词：轮胎，质量保证期，轮胎起鼓，第十八条

申诉时间：2016年8月4日

购车发票时间：2016年2月29日

行驶里程：15 120km

申诉类型：更换轮胎

申诉类型是否适用三包规定：适用

申诉涉及部件：易损耗类轮胎

2016年2月29日，张女士在某店购买一辆东风公司轿车，购车发票及三包凭证齐全。2016年6月21日车辆二次保养时发现轮胎起鼓。2016年6月26日将车开至4S店，初次检修记录认为是轮胎质量问题，建议更换轮胎，车主同意更换。一周后4S店要求将问题轮胎送检，车主认为之前确定是质量问题，无须送检，4S店称不送检无法更换轮胎。车主称其7月8日被迫将轮胎送检。7月25日，4S店通知检测结果为非质量问题，不予更换。车主认为4S店初次检修已经认定是轮胎质量问题，应免费更换4个轮胎。

案例解析

根据汽车三包规定第十八条：家用汽车产品的易损耗零部件在其质量保证期内出现产品质量问题的，消费者可以选择免费更换易损耗零部件。

易损耗零部件的种类范围及其质量保证期由生产者明示在三包凭证上。生产者明示的易损耗零部件的种类范围应当符合国家相关标准或规定，具体要求由国家质检总局另行规定。

该车主购车发票及三包凭证齐全，轮胎为易损耗品，首次出现问题时间在生产者明示的质量保证期内，且初次检修已经认定为质量问题。二次检测结论为非质量问题，但其由4S店检测，双方对该结论存在争议。协商无果时，建议可提交质检部门出具专业检测报告。若专业检测报告为质量问题，销售者应按三包条款，对问题轮胎进行免费更换。若报告认为是消费者使用过程不慎导致，则应用消费者承担维修或更换轮胎产生的费用。

**专家点评**

轮胎是易损耗零部件，家用汽车产品的易损耗零部件在其质量保证期内出现产品质量问题的，消费者可以选择免费更换易损耗零部件。本案例中，轮胎还在保修期内，初次检修记录认为是轮胎质量问题，4S店要承担免费更换的责任。

4.8.4　火花塞断裂导致发动机异响不能退车

关键词：火花塞，退货，发动机异性，第十八条

申诉时间：2014年10月20日

购车发票时间：2014年8月15日

行驶里程：3 890km

申诉类型：退货

申诉类型是否适用三包规定：不适用

申诉涉及部件：火花塞

2014年8月15日，谢先生购买一辆某品牌家用轿车，购车发票及三包凭证齐全。2014年10月20日，该车行驶不到4 000千米出现发动机内有异响现象。谢先生心想里程数还不到5 000千米就出现发动机异响，于是与4S店进行沟通，沟通决定先对故障进行检查。通过检查发现原来是发动机某缸的一个火花塞断裂导致。由于车刚买不久就出现如此严重的故障，谢先生提出退货，而4S店以火花塞为易损件为由拒绝。

案例解析

根据汽车三包规定第十八条：在家用汽车产品保修期内，家用汽车产品出现产品质量问题，消费者凭三包凭证由修理者免费修理(包括工时费和材料费)。

家用汽车产品自销售者开具购车发票之日起60日内或者行驶里程3 000千米之内(以先到者为准)，发动机、变速器的主要零件出现产品质量问题的，消费者可以选择免费更换发动机、变速器。发动机、变速器的主要零件的种类范围由生产者明示在三包凭证上，其种类范围应当符合国家相关标准或规定，具体要求由国家质检总

局另行规定。

　　家用汽车产品的易损耗零部件在其质量保证期内出现产品质量问题的，消费者可以选择免费更换易损耗零部件。易损耗零部件的种类范围及其质量保证期由生产者明示在三包凭证上。

　　根据汽车三包凭证相关规定，在购车开票起60日或3 000千米内出现发动机或变速箱主要零部件故障的，消费者可以选择更换发动机或者变速箱。由于火花塞属于易损耗件，不属于发动机主要零件，因此无法达到更换发动机的条件，退货或者换车条件也未达到，经销商可以维修解决。

专家点评

　　火花塞属于易损件，当车辆易损件损坏，其又在质量保证期内的，消费者可以免费更换。但易损件的损坏不适用退车的条件。

参考文献

[1] 左付山.汽车维修工程学[M].南京：东南大学出版社，2008.

[2] 张金柱.汽车维修工程[M].北京：机械工业出版社，2005.

[3] 蔡军.汽车关键部件故障的相关性分析[D].济南：山东大学，2011.

[4] GB/T29632-2013，家用汽车产品三包主要零件种类范围与三包凭证[S].北京：国家质检总局，2013.